추억,

추억의 힘을 믿고

그 힘으로

내일을 살아가고자 하는

모든 분들께

추억,
새로운
꿈을
품다

●

초판 1쇄 인쇄 2015년 9월 23일
초판 1쇄 발행 2015년 9월 30일

지은이 **김유범**
펴낸이 **박성복**
펴낸곳 **도서출판 월인**
서울특별시 강북구 노해로 25길 61(수유2동 252-9)
등록 제6-0364호
등록일 1998년 5월 4일
전화 02.912.5000
팩스 02.900.5036
홈페이지 www.worin.net
전자우편 worinnet@hanmail.net

표지디자인 및 내지편집 **디코드**

ISBN 978-89-8477-605-0 03810

숲속, 새로운 꿈을 품다

김유범

● 프롤로그

예전처럼 돌이킬 순 없다고 하면서도

문득 문득 흐뭇함에 젖는 건 왜일까

그대로 그 나름대로 의미가 있어

세상 사람 얘기하듯이 옛 추억이란 아름다운 것

다시 못 올 지난날을 난 꾸밈없이 영원히 간직하리

그리움을 가득 안은 채 가버린 지난날

잊지 못할 그 추억 속에

난 우리들의 미래를 비춰 보리

하루하루 더욱 새로웁게 그대와 나의 지난날

우리 삶의 순간순간이 모두 아름다운 것은 아니지만, '추억'이라는 이름으로 떠올려지는 기억의 앨범 속에는 푹신하고 따뜻한 것들이 가득하다. 가수 유재하는 옛 추억이 아름다운 것이고 다시 못 올 그 시간을 영원히 간직하며 그 속에 미래를 비춰 보리라 노래했다. 추억 속에 미래를 비춰 본다는 것, 참으로 멋진 계획이 아닐 수 없다.

어쩌면 우리 삶은 추억을 만들고 가끔씩 그것들을 꺼내 보는 일을 반복하는 시간이라고도 말할 수 있다. 하지만 추억이 과거에 대한 아련한 향수일 뿐이라면 우리는 추억이 지니고 있는 의미와 그 힘을 제대로 알지 못하고 있는 것은 아닐까? 추억이 새로운 꿈을 품고 그 꿈의 실현이 또 다시 추억이 되는, 삶의 법칙 아닌 법칙을 발견할 때 우리는 삶의 매 순간이 중요한 시간이라는 사실을 깨닫게 된다.

나는 이 책에서 나의 작은 에피소드들을 통해 추억이 지닌 의미와 그 힘에 대해 이야기하고자 한다. 추억은 결코 나이든 사람들의 전유물이 아니며 누구나가 내일을 꿈꿀 수 있도록 해 주는 소중한 원동력이 된다는 사실을 많은 사람들과 공감하고 싶다. 삶이 아프고 힘들 때 자신을 일으켜 세워 줄 힘이 자신의 추억 속에도 잠재하고 있다는 것을 깨닫는다면 문득 희망이 생기지 않을까?

매 에피소드들의 끝 부분에는 소재별로 평소 내가 좋아하고 아름답게 생각하는 것들에 대한 이야기들을 짤막하게 실어 두었다. 이 짤막한 이야기들은 각 에피소드들과 직접적으로 맞닿아 있는 것은 아니지만, 이를 통해 삶에서 아름다울 수 있는 것들을 둘러보며 에피소드들을 보다 재미있게 읽어 가는 데 도움이 될 수 있도록 했다.

이 책의 이야기들은 모두 추억을 향하고 있다. 추억으로부터 내 꿈도 시작되었다. 사소하고 평범해서 대부분 무심하게 생각하는 것들로부터 추억은 소중한 꿈을 품기 시작한다. 내가 살고 있는 오늘 이 시간에 만나는 모든 것들이 내 추억의 소재이자 인연이다. 지금 이 순간의 의미를 알아보는 혜안은 우리 인생을 풍요로운 세계로 이끌어 가는 행운의 힘이 된다.

햇살 좋은 일요일 아침, 나나 무스쿠리의 목소리로 가득한 차를 타고 화이트 강을 따라 들어서는 초록빛 숲길은 레이니어 산으로 향한다는 설렘보다는 살아 있다는 그 자체의 즐거움을 느끼게 해준다. 이 길을 달리고 있는 내 모습을 떠올리는 것만으로도 나는 이 세상에서 많은 것을 가진 사람이 된다.

2015년을 시작하며

미국 시애틀에서

김유범

차례

03

잠자고 있던 추억을 깨우다

20여 년 전 시간들과의 재회

04

새로이 추억을 방문하다

정선에서 보낸 또 한 번의 여름

05

추억의 힘을 옮겨 새로운 꿈의 정수박이에 들어붓다

추억과 꿈이 만나는 시간

Warren G. Magnuson Park, Lake Washington and Mount Rainier

음악에 빠진 소년,
고민에 빠진 청년

Photo by Yupum Kim

매그너슨 파크에서
맞이하는 아침은
특별하다.
워싱턴 호수 위
자욱한 안개 속에서 나타난
아침의 태양은
꿈길을 헤매고 있는
나를 깨운다.

Photo by Yupum Kim

episode #1

서랍 속 카세트테이프

현실적 쓸모의 유무가
실제로 선택의 절대적 기준이 될 수 없음이
항상 물건 정리를 어렵게 한다.
한 번도 버려야 할 물건이라고
생각해 보지 못한 것들이 있는데,
그중 하나가 서랍 속에 가득 들어 있는
카세트테이프들이다.

6년 사이에 네 번 이사를 했다. 서울에서 부산으로, 부산 안에서 두 번, 그리고 다시 부산에서 서울로. 늘어나는 살림살이에서 이사 때마다 정리하고 버려야 할 물건들이 생기는 건 당연하다. 이때 버려야 할 물건과 남겨야 할 물건을 정하는 일은 쉽지 않다.

오래된 물건 중에는 더 이상 쓰지 않는 것과 아주 가끔씩이지만 여전히 쓰는 물건이 있다. 당연히 더 이상 쓰지 않는 것은 버려야 하겠지만 쓰지 않는 것이라고 해서 모두 버릴 수는 없다. 세월이 많이 지난 옷이나 새로운 대체품이 나온 물건의 경우가 가장 먼저 정리의 대상이 된다. 그러나 현실적 쓸모의 유무가 실제로 선택의 절대적 기준이 될 수 없음이 항상 물건 정리를 어렵게 한다.

무엇이든 버리지 않고 모아 두는 사람과 되도록 예전 것은 버리고 새것을 선호하는 사람. 둘 모두 장단점이 있겠지만 보다 풍성한 삶의 이야깃거리를 가진 사람은 아무래도 전자가 아닐까 한다. 가족들에게는 비록 성가신 잡동사니로 취급받는 것들이지만, 본인에게는 어느 명품보다도 소중한 물건들. 초등학교 때 쓰던 교과서 및 성적표를 비롯해 일상의 자질구레한 것들까지 버리지 않고 모아 둔 정성은 추억의 훈장으로 빛난다.

SMAT
SK
명상의 시간
Time of Meditation
명상의 말씀 (II)
STEREO
어떤 날 II
출발 · 더없는 계절
SIMON & GARFUNKEL Special
SD-90
마이클 잭슨
MICHAEL JACKSON / Thriller
STEREO
지구레코드
보니 타일러
BONNIE TYLER / Faster Than The Speed Of Night
POLYDOR
제임스 라스트 악단
박혜령의 MERRY CHRISTMAS
MEMORIES OF POPS(3)
F-R DAVID 'WORDS'
CARRERE
쇼팽 피아노 소나타 제2번
MC 129
CULTURE CLUB
COLOUR BY NUMBERS
최신힛트가요
BDR
趙容弼
창밖의 여자
PHILIPS
나나 무스꾸리
장미와 태양
신승훈
VOL.3
조덕배 3
HKR
듀란 듀란
EURYTHMICS
GOLDEN
폴 모리아
PAUL MAURIAT
강은철
HKR
베버 무도회에의 권유
드볼작 론도 카프리치오소
MC 300 078
슈베르트 즉흥곡
MC 038
리차드 · 클레이더만 히트곡 모음 1집
JVC
한동준 II
STEREO
C60
L-MX
NORMAL POSITION
SK
120
SD

내게도 예전 것을 함부로 버리지 못하는 소심함이 있다. 학창 시절 달았던 학교 배지와 이름표, 친구들이 보내준 편지들, 손으로 직접 써서 만들었던 학급 문집 등 시시콜콜한 것들을 지금까지도 가지고 있으니 말이다. 디지털 시대가 되어 버린 오늘이라면 남게 되지 않았을 것들이 아직 남아 있음이 반갑고 고맙게 생각될 때가 많다.

비록 예전 것이지만 이사할 물건을 정리하며 한 번도 버려야 할 물건이라고 생각해 보지 못한 것들이 있다. 그중 하나가 TV 장식장 두 개의 큰 서랍 속에 가득 들어 있는 카세트테이프들이다. 정확히 그 개수는 세어 보지 않았지만 어림잡아도 수 백 개에 달하는 카세트테이프. 이 카세트테이프들을 바라보고 있으면 수십 년 전의 시간들이 떠오른다.

내가 카세트테이프를 모으기 시작한 것은 초등학교 때부터인 것 같다. 라디오가 달린 카세트 녹음기가 음악을 듣는 대중적인 수단이었던 그 시절, 카세트테이프는 라디오와 함께 좋아하는 음악을 들을 수 있는 중요한 매체였다. 어린 소녀였던 박혜령이 부른 캐롤 모음집이나 사촌 누나가 레코드 가게에 부탁해 녹음해 준 만화영화 주제곡 모음집이 당시 내가 즐겨 들었던 카세트테이프들이다.

아마도 초등학교 4학년 때였던 것으로 기억된다. 하루는 방과 후 집으로 놀러 온 친구들을 놀라게 해 준다고 큰 거울 뒤에 카세트 녹음기를 숨겨 두고 볼륨을 높여 당시 유행하던 조용필의 '창밖의 여자'를 틀어 준 일이 있다. 지금 돌아보면 조숙했다는 생각도 들지만 어쨌든 그때부터도 음악 듣는 것을 좋아했던 것 같다. 가끔씩 조용필의 낡은 카세트테이프를 꺼내 볼 때면 그때의 기억이 살포시 떠오른다.

카세트테이프에 녹음을 하며 본격적으로 음악을 듣기 시작한 것은 중학생이 되면서부터였다. 80년 대 초반 뉴웨이브 뮤직으로 풍성해진 팝 음악에 매료될 수밖에 없었던 그 시절, FM 라디오에서 흘러나오던 팝 음악은 청소년들을 새로운 세계와 만나게 해 주었던 가장 첨단의 문화였다. 공테이프에 좋아하는 음악을 녹음하기도 하고 라이선스 음반이나 테이프를 사는 일이 그 시절 내가 즐겼던 가장 신나는 취미 생활이었다. 지금 서랍 속에 가득한 카세트테이프들은 대부분 이러한 취미 생활의 결과라고 할 수 있다.

집에 돌아오면 난 늘 음악을 틀어 두었고 잠자리에 들면서도 카세트테이프의 재생이 끝나면 라디오도 꺼지던 당시의 타이머 기능을 애용했었다. 심지어 공부를 하면서도 늘 FM 라디오를 들었었으니 주위 사람들이 항상 음악 틀어 놓고 공부가 되겠냐고 이야기하곤 했었다. 지금 생각해 보면 오히려 그렇게 했던 게 더 큰 집중력을 갖도록 해 주었던 것 같다. 또한 중간중간 라디오에서 흘러나오는 음악이

Eroica
FULL AUTOMATIC DIRECT DRIVE TURNTABLE SYSTEM
Eroica
SIGNAL
FM STEREO
TV DUAL
TV STEREO
DUAL
FM/TV MODE
POWER
Eroica
FRONT
LEFT
RIGHT
REAR
POWER
METER RANGE
SURROUND FUNCTION
DEFEAT
THEATER
STADIUM
Eroica
POWER
SPEAKERS
BASS
TREBLE
BALANCE
LOUDNESS
MODE
FUNCTION INDICATOR
PHONO
TUNER
AUX
TAPE
POWER
VOLUME
MIN
MAX
PHONES
Eroica
POWER
EJECT
METAL TAPE
2 MOTOR IC LOGIC CONTROL
TAPE COUNTER
PHONES
LEFT
RIGHT
PEAK
FEATHER TOUCH CONTROL
DOLBY NR

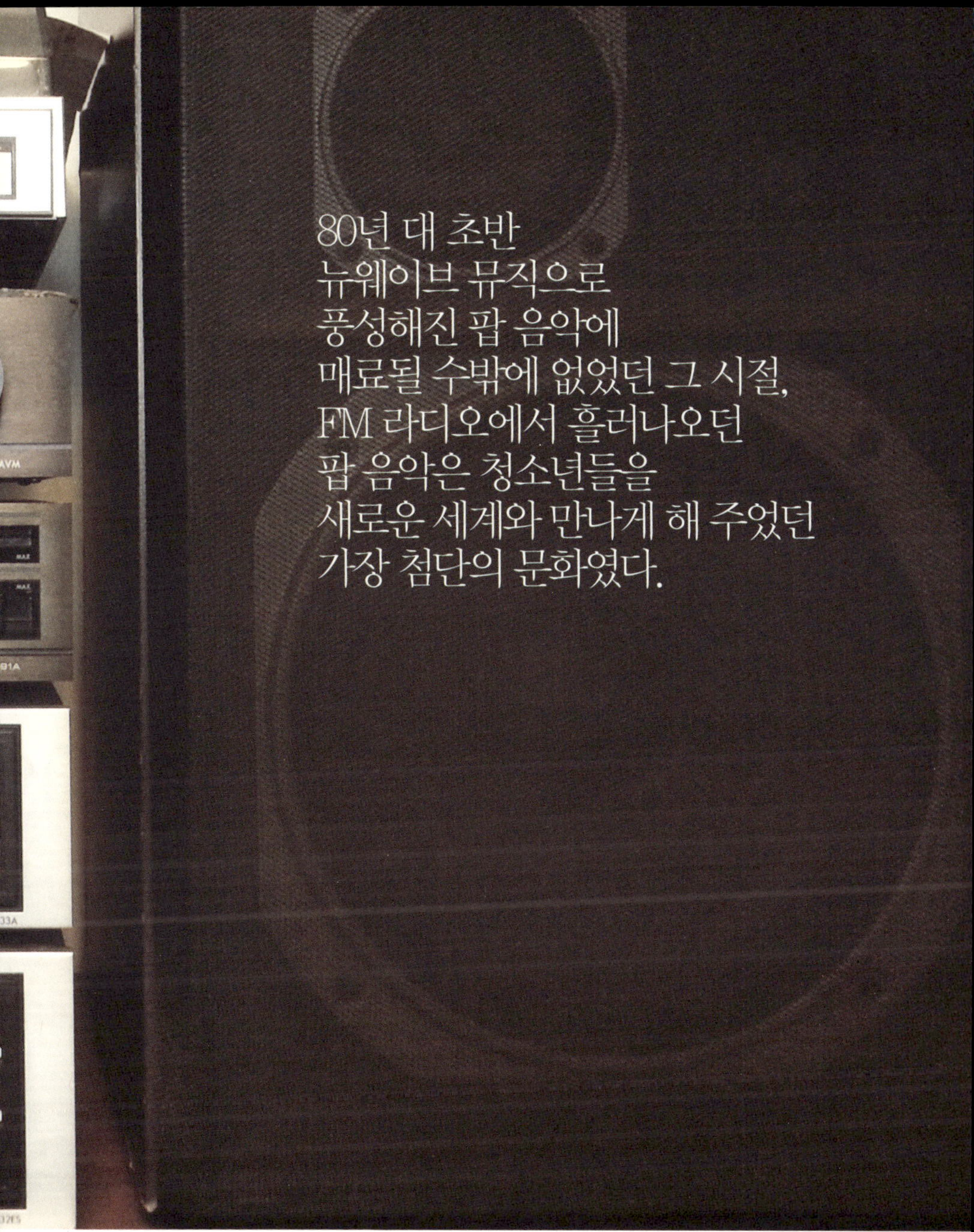

80년 대 초반
뉴웨이브 뮤직으로
풍성해진 팝 음악에
매료될 수밖에 없었던 그 시절,
FM 라디오에서 흘러나오던
팝 음악은 청소년들을
새로운 세계와 만나게 해 주었던
가장 첨단의 문화였다.

나 이야기에 귀 기울이며 눈과 정신을 쉬게 했던 것도 도움이 되었다고 생각한다. 지금도 여전히 음악을 들으며 연구하고 일하는 습관을 가졌으니 난 어릴 때부터 멀티태스킹 훈련을 지속해 온 셈이다.

인터넷이 없었던 당시에는 항상 조그만 쪽지에 음악과 아티스트의 이름을 들리는 대로 한글로 적고 나중에 이런저런 자료를 통해 본래의 알파벳 표기를 알게 되곤 했다. 팝음악은 물론 영화 음악과 클래식 음악을 가리지 않고 난 내 마음이 끌리는 대로 다양한 음악들을 듣고 녹음했다. 내 음악 취향이 특정 장르에 편중되지 않고 다양한 장르의 음악들을 모두 좋아하는 것은 그 덕분이었던 것 같다.

특히 주말 저녁이면 FM 라디오의 특집 방송들이 많았는데, 이를 녹음하는 것이 내겐 중요한 일 중 하나였다. 그래서 오디오 앞에 앉아 시간에 맞춰 녹음 버튼을 누르고 카세트테이프를 돌려 끼우는 일을 하느라 늘 진득하니 앉아 저녁 식사를 하지 못했다. 그래서 늘상 주말 저녁에는 부모님의 잔소리와 동생의 성화가 함께했었다. 지금 남아 있는 카세트테이프들은 이러한 고난(?) 속에서 탄생한 비화를 가지고 있다.

많은 카세트테이프들 중 좀 특별한 것이 있다. 다른 카세트테이프들과는 별도로 나무 상자에 넣어 보관해 둔 것인

데, 약 스무 개의 카세트테이프가 하나의 세트를 이루고 있다. 1990년과 91년 두 해에 걸쳐 녹음된 것으로 케이스에 날짜와 장소, 사람 이름이 적혀 있다. 20여 년이 지나도록 한 번도 들어 보지 않았던 카세트테이프들. 이 테이프들을 보니 문득 20여 년 전 여름날들이 아련하게 떠올랐다. 여름의 짙은 녹음과 맑게 흐르는 강물 위로 잊고 살았던 그리운 사람들의 얼굴이 하나씩 스친다.

소설 | 압록강은 흐른다

저녁밥을 마치면 어머니들은 남문까지 소풍 가는 것을 허락해 주었다. 우리는 신나게 돌아다녔다. 저녁노을에 비친 삼층석탑은 우리의 어린 마음을 못 견디게 설레게 했다. 우리는 성벽과 집채 사이로 통한 작은 길을 지나서, 셀 수도 없이 많은 돌계단을 밟고 올라가 탑 앞에 모이곤 했다. 어떤 애들은 낡아 빠진 동전을 땅바닥에 던지고는 그걸 납작한 돌멩이로 맞히는 놀이를 했고, 어떤 애들은 제기를 찼다. 또 다른 패들은 한 발로 될 수 있는 대로 같은 길을 오락가락했다. 쓸데없는 말을 지껄이고 괜히 장담을 늘어놓고 서로 다투기도 했으며, 어느 땐 씨름판을 벌여 놓기도 했다. 그러나 삼문(三門) 위에서 음악이 들려오면, 흥겹던 우리들의 놀이도 곧 조용해졌다. 이 문은 여기서 꽤 멀리 떨어져 시(市) 한가운데 목사 집 현관 앞에 있었지만, 고요한 저녁에는 황홀한 음악이 곱고도 맑게 남문까지 울렸고, 우리들의 뛰는 마음을 어둠살 속에서 아늑히 가라앉게 해 주었다.

이미륵의 소설 『압록강은 흐른다』(1959년, 전혜린 역) 중에서

잊고 살아온 유년 시절의 저녁 무렵 풍경이 아스라이 다가온다. 독일어로 쓰여 1946년 독일 뮌헨에서 출판된 이 소설은 한국적 정서의 아름다움을 간결한 문체로 표현했다는 점에서 제2차 세계대전으로 황폐해진 독일 문화계에 신선한 충격을 안겨 주었다. 독일 신문에만 서평이 백여 개가 넘고 세계 여러 나라들에서 각국의 언어로 이 책이 번역되었다는 사실로부터 가장 한국적인 것이 가장 세계적인 것이 될 수 있음을 본다. 요절한 천재 여류 작가 전혜린의 한국어 번역 또한 이 소설의 아름다움을 빛내고 있다. 이미륵 박사의 자전적 소설에 그려진 유년 시절은 우리들의 아득한 옛 기억이며 그것을 떠올리는 일은 그립고 반갑다. 더불어 무언가에 못 견디게 설레는 어린 마음을 차분히 가라앉혀 주는 힘, 그것이 음악이라는 사실도 흥미롭다.

"이미륵 씨가 살고 생각한 것은 현대의 한국 사람으로서는 이해보다는 선망이 앞서는 유리알처럼 맑고 조화에 찬 고전의 세계였다."

전혜린의 수필집 『그리고 아무 말도 하지 않았다』 중에서

시애틀
집 앞에 핀 수선화는
그리스 신화의 나르키소스가
정말 아름다운 소년이었겠구나
생각하게 한다.
자기애야말로 가장 순수한
사랑이 아닐까?

Photo by Yupum Kim

episode #2

나를 찾아 떠났던 스물한 살

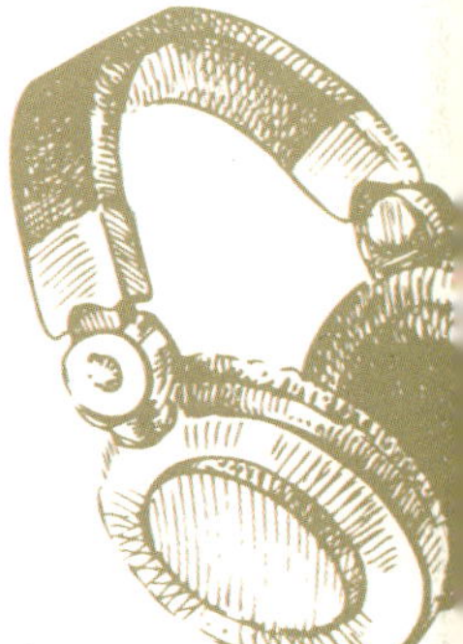

여름을 통해 보다 성장한 나는

쓸쓸함에 뿌리내린 그 깊은 파란 하늘의 가을을 지나

원숙한 내일을 꿈꾸는 겨울 속으로 걸어갔다.

마음의 소리를 따라 삶의 길을 가는 것은

결코 쉽지 않은 일이다.

어린 시절, 잠자는 사이에 다녀가신 산타 할아버지의 마법 같은 선물이 주는 감동이 있긴 하지만, 1988년 내 나이 열아홉에 맞이했던 크리스마스는 지금까지의 크리스마스 중 가장 기억에 남는 시간이었다. 방송국에 전화해 대학 합격 여부를 확인할 수 있었던 그 시절, 크리스마스이브 저녁 내내 나는 전화기의 다이얼을 돌리고 있었다. 많은 사람들이 방송국에 전화를 걸었고 담당자와 통화가 되기까지는 인내심과 기다림이 필요했다.

마음을 비우고 기계적으로 반복해 전화 다이얼을 돌리던 어느 순간, 드디어 통화 연결 음이 나왔다. 잠시 후 담당자의 목소리가 들려왔고 난 지망 대학과 수험 번호를 이야기해 주었다. 얼마간의 긴장된 침묵……. 드디어 다시 담당자의 목소리가 들려왔다. 내 이름과 합격된 학과명이 들려왔고 축하 인사가 전해졌다. 귀를 의심할 수밖에 없는 기분과 옆에 있던 가족들에게 합격 소식을 전하던 흥분되고 들떴던 내 목소리가 지금까지도 그 순간과 함께 기억 속에 선명하다.

유럽에서 한국어를 가르치며 살고 싶다는, 당시로서는 먼 이야기 같은 꿈을 안고 시작한 대학 생활. 교사를 꿈꾸며 대학에 들어온 동기들과 함께한 89년의 봄은 아지랑이 속에 흔들리는 세상처럼 어지럽고 혼란스럽기만 했다. 수업 거부로 시작된 첫 학기는 대학이 무엇을 하는 곳이고 내가 어떻게 행동해야 하는지를 고민하게 했다. 더불어 자율학습이라는 이름의 타율적인 닫힌 공간에 길들여져 있었던 내게, 어느 날 아침 내 시간의 주인이 되라며 던져진 갑작스러운 석방은 한동안 감당하기 어려운 숙제였다.

다행히 고전문학을 공부하는 선배들과 동기들이 있는 학회에서 한국문학의 기초와 사서(四書) 공부를 열심히 해 볼 수 있는 기회를 가졌다. 문학의 역사와 더불어 한자들로 이루어진 문장 속에 존재하는 크고 깊은 세계는 인간을 이해하는 새로운 눈을 갖도록 해 주었다. 인간과 자연을 바라보는 동양의 전통적 시각에 대한 이해는 후에 국학에 대한 깊이 있는 이해에 많은 도움을 주었다. 뿐만 아니라 내 삶의 자세나 마음가짐에 지대한 영향을 끼치기도 했다.

대학에서의 첫 여름 방학이 시작될 무렵, 내겐 매우 새로운 경험의 기회가 찾아왔다. 학과에서 매년 여름 떠나는 학술답사에 참여하게 된 것이다. 학과의 교수님들과 복학생 선배들을 비롯한 많은 재학생 선배들, 그리고 석박사 과정에서 공부하고 있던 대학원 선배들까지 대학 신입생이 교류하기는 힘든 사람들과의 만남이 있었다. 그분들을 통해 난 대학 생활이 어떻게 진행되는지, 대학원에서 공부한다는 것이 어떤 것인지, 그리고 사람과 사람 사이의 관계에 대해 많은 것을 보고 들을 수 있었으며 또한 생각해 볼 수 있었다.

막내로 참여한 첫 학술답사는 그저 즐겁고 흥미롭기만 했다. 선배들을 도와 식사 준비를 하고 여러 조사 지점을 따라다니며 어떻게 방언을 조사하는지 배울 수 있었다. 우리나라의 자연이 아름답다는 것도, 젊은 가슴속에 뜨거운 열정이 살아 움직인다는 것도, 그리고 멋진 모습으로 성숙한다는 것이 어떤 것인지도 함께 느껴 볼 수 있었던 시간. 여름을 통해 보다 성장한 나는 쓸쓸함에 뿌리내린 그 깊은 파란 하늘의 가을을 지나 원숙한 내일을 꿈꾸는 겨울 속으로 걸어갔다.

다시 봄이 왔다. 스물한 살, 세상의 무엇이든 할 수 있고 무엇이든 될 수 있는 나이. 젊음 하나만으로 그 어떤 가치의 추월도 허용하지 않을 수 있는 당당함으로 빛나는 시간. 그러나 현실 속의 내 모습은 그렇지 못했다. 내가 알고 있는 좁은 울타리 속 세상과, 그 울타리를 뛰어넘어 또 다른 세계로 나갈 수 없는 나의 소심함과, 그러한 소심함을 잉태하게 한 현실만이 내게 있었다. 당시 난 주어진 현실 속에서 무언가를 찾아내야 하는 오랜 전통 속에 살고 있었던 이 땅의 젊은이 중 한 사람이었다.

스물한 살, 대학 2학년의 봄날은 답답함이 가슴을 짓누르기 시작한 시간이었다. 내가 정말 하고 싶은 일이 무언지를 끊임없이 자문하고 찾아 헤맸던 일종의 방황기였다. 무언가를 미치도록 열심히 해 보고 싶었지만 그 무언가가 무엇인지를 알지 못했던 그 시절. 도서관에서 다양한 분야의 책들을 이리저리 펼쳐 보기도 하고 하루 종일 세상 속을 걸어 보기도 하며 마음을 가라앉히기 위해 무척 애썼던 그런 날들이었다. 셰익스피어의 희곡과 더불어 멘델스존의 음악 '한여름 밤의 꿈' 속에서 위안을 찾기도 했던, 다시 갖고 싶은 젊은 날의 작은 아픔이 있었다.

그 시절 나는 언어에 대한 체계적인 공부를 함께해 볼 수 있는 동학들을 찾고 싶었다. 고전문학의 경우와는 달리 본래 하고 싶었던 언어학 공부를 함께할 수 있는 사람들은 없었기 때문이다. 그래서 몇몇 친구들을 설득해 함께 언어학 및 국어학을 공부해 볼 수 있는 학회를 만들기로 했다. 학과 학생 다수의 동의가 있어야 학회로 인준을 받을 수 있다는 규정 때문에 강의실마다 찾아가 학과 학생들에게 동의를 구하기도 했다. 이렇게 출발한 학회는 많은 이들에게 언어와 국어에 대한 체계적인 공부를 함께할 수 있는 기회를 제공하며 지금까지도 활발히 활동하고 있다.

답답했던 내 마음을 근본적으로 가라앉도록 해 준 것은 여름 방학 한가운데 떠났던 학과의 학술답사였다. 맑고 푸른 자연 속에서 복잡한 머리를 식힐 수 있었고 젊음의 고민을 함께 나눌 수 있는 사람들이 있었기 때문이다. 학술답사를 사전에 준비하며, 현장에서 답사를 진행하며, 또 다녀와 자료를 정리하며 난 무언가를 향한 내 가슴속의 뜨거운 열정을 쏟아 부을 수 있었다.

녹음해 온 테이프를 몇 번이고 들으며 조사 항목들을 일일이 검토해 최종 방언형을 확정하고, 수집된 방언 자료들을 국어학의 체계에 맞추어 정리해 내는 일련의 작업. 이 작업을 통해 나는 비로소 내가 미치도록 열심히 하고 싶었던 일이 무엇인지 알 수 있게 되었다. 마음의 소리를 따라 삶의 길을 가는 것은 결코 쉽지 않은 일이다. 그러나 그 소리를 귀담아 듣고 그것을 따라 길을 나서는 용기와 충분한 인내심은 반드시 우리에게 가치 있는 무언가를 선사한다는 것 또한 틀림없는 사실이다.

스물한 살,
대학 2학년의 봄날은
답답함이 가슴을 짓누르기 시작한
시간이었다. 내가 정말 하고 싶은
일이 무언지를 끊임없이 자문하고
찾아 헤맸던 일종의 방황기였다.

여행 | 세상에서 가장 아름다운 곳

우리는 장소를 떠날 때
우리 스스로의 뭔가를 뒤에 남기고 떠난다.
우리가 가 버린다고 해도 우리는 그곳에 머문다.
그곳에 다시 가야만 우리가 다시 찾을 수 있는 우리만의 물건들이
거기 있다.
어느 장소에 간다는 것은 우리 스스로에게 여행을 간다는 것이다.
하지만 스스로에게 여행을 가는 것은 스스로의 고독과 마주해야 한다.

영화 '리스본행 야간열차(Night Train to Lisbon)' 중에서

이 세상에서 가장 아름다운 여행지는 어디일까? 화사한 봄 햇살 속의 베니스, 경이로운 자연을 품고 있는 여름날의 옐로우스톤, 배리 매닐로우의 노래 속에 깊어 가는 가을날의 뉴욕, 아니면 설국의 세계를 꿈꿔 보게 되는 겨울

날의 북해도. 세상에는 너무도 아름다운 곳들이 많기에 이에 대해 논쟁하고 그중 어느 하나를 선정하는 것만큼 부질없어 보이는 일도 없는 것 같다.

우리는 누구나 아름다운 곳을 찾아 여행을 떠나고 싶어 한다. 그러나 그 아름다움이라고 하는 것은 상대적인 것이며 특히 자신이 처한 당시의 상황에 민감한 것이다. 우리는 어딘가로 떠나지만 결국 그곳에서 만나게 되는 것은 고독하지만 시큼한 느낌의 나 자신이다. 그러한 나를 만나는 것이 어쩌면 우리가 여행을 떠나는 진짜 이유인지도 모르겠다. 현실 속 지질한 나를 놓아두고 비움으로써 충만해진 나 자신을 만날 수 있는 그런 여행 말이다.

남들에게 어디를 다녀왔다고 말할 수 있게 해 주는 여행이 우리가 진정으로 가고 싶었던 여행이었는지 우리들 자신에게 묻고 싶다. 어느 곳을 가든 남들이 볼 수 없는 아름다움을 볼 수 있는 눈을 갖는 것이 가장 훌륭한 여행자가 되는 길이 아닐까 생각해 본다. 시끄럽고 북적대는 시장 통에서도 부처의 모습을 볼 수 있다면 우린 이미 세상에서 가장 아름다운 곳을 여행하고 돌아왔다고 말할 수 있지 않을까?

Golden Gardens Park

Photo by Yupum Kim

3월 말 만개하는
워싱턴 주립대학(UW)의 벚꽃은
시애틀이 지닌
아름다움 중 하나이다.
화사한 벚꽃 터널을 걸어 보면
이 대학이 지닌 역사와
전통의 향기를
맡을 수 있다.
Photo by Yupum Kim

episode #3

서울장 여관과
정선 버스 터미널

다시 정선 버스 터미널을 찾았다.
꼭 23년 만의 일이다. 새로 페인트를 칠한 건물은
마치 진하게 화장한 옛사랑을 보는 것처럼 어색했다.
건물 꼭대기에는 세월이 무색하게 선명한
빨강과 흰 색깔로 디자인된
'서울장여관' 간판이
내걸려 있었다.

1990년 학과의 여름 학술답사 조사지가 강원도 정선으로 결정되었다. 정선이라는 곳이 있음을 들어 본 적은 있지만 정확히 어디에 있는지, 아리랑으로 유명하다는 것 외에 어떠한 특색이 있는지 전혀 알지 못했다. 학과에서 이곳으로 학술답사를 떠나는 이유는 역시 아리랑 조사를 위해서였다. 그러나 방언 조사에 관심이 있던 나로서는 그곳 사람들이 어떤 말을 사용하고 있는지, 그 말의 언어학적인 특징은 무엇인지가 궁금했다.

대학 2학년이 된 나는 여름 학술답사에서 방언 조사의 책임을 맡게 되었다. 아직 공부도 부족하고 경험도 일천한데, 조사의 책임을 맡는다는 것이 여간 부담스럽지 않았다. 인생에서 많은 일들이 미처 준비되지 않은 채 진행된다는 사실을 깨닫게 된 건 훨씬 나이가 들어서였다. 그러니 당시에 불안하고도 불만스러웠던 마음이 컸음은 어쩌면 자연스러운 일이었는지 모른다.

여름 방학이 시작되면서 학술답사의 총책임을 맡은 복학생 선배가 몇몇 학생들을 데리고 정선으로 사전(事前) 답사를 떠났다. 방언 조사의 책임을 맡게 된 나도 선배들을 따라 처음 정선을 찾아갔다. 서울에서 5시간 정도 시외버스를 타고 마지막에 비행기재를 넘어 도착한 그곳은 전혀 다른 세상이었다. 과거의 시간으로 돌아간 듯했지만 왠지 모를 편안함과 정겨움이 있었다.

사전 답사에서는 먼저 해당 지역 행정 기관 및 조사 지점들의 협조를 구했다. 또한 답사 기간 동안 머물 숙박 시설을 예약하고 자세한 현지 교통편을 알아보았다. 숙박과 교통은 학술답사에서 매우 중요한 요소였다. 무더운 여름날 많은 인원이 머물며 여러 날 숙식을 해결해야 했기 때문이다. 또한 개인 승용차가 귀했던 그 시절, 정확한 버스 시간을 아는 것은 이동을 위해 필수적이었다.

그 이전까지 학술답사는 주로 마을 회관을 빌려 숙박 시설로 이용했었다. 이런 경우 마을 주민들과 보다 가까워질 수 있다는 장점이 있었지만, 특정한 지점에 머물며 조사를 해야 했기 때문에 여러 지점에 대한 폭넓은 조사가 어려웠다. 정선 지역에 대한 당시의 조사는 정선군 안의 여러 지

서울장여관
562-1116
563-0042
현이네식당
한식
분식
562-9751
정
외부 차량
주차금지

서울장 여관은
좋은 시설을 갖춘
숙박 장소는 아니었지만, 하룻밤
머물 곳이 필요한 여행객을 위한
넉넉한 배려가 있는 곳이었다.

점들을 조사 대상으로 계획하고 있었으므로 이전과는 다른 숙박 시설이 필요했던 상황이었다.

숙박과 교통 문제를 두고 고민하던 우리는 좋은 아이디어를 생각해 냈다. 그건 숙박 시설과 교통 시설 모두를 한꺼번에 해결해 줄 이른바 '일체형' 시설을 이용하는 것이었다. 정선읍의 외곽에 위치한 정선 버스 터미널. 이곳은 외부 세계에 대해 정선 지역의 관문 역할을 하는 것은 물론, 정선 지역 내의 모든 곳들을 연결해 주는 교통의 요지이기도 했다. 무엇보다도 터미널 2층에 숙박 시설인 '서울장 여관'이 있었다는 점이 결정적이었다.

서울장 여관은 좋은 시설을 갖춘 숙박 장소는 아니었다. 하룻밤 머물 곳이 필요한 여행객을 위한 허름한 여관이었다. 그러나 넉넉하게 방들이 있었고 옥상으로 올라가면 넓은 공간도 있었다. 우리는 여관 주인 아주머니에게 우리의 목적과 상황을 설명했다. 그리고 옥상에서의 취사와 숙박비 할인 등 학생들을 위한 여러 가지 배려를 부탁했다. 여러 숙지 사항들과 함께 아주머니는 30여 명의 학생들이 사흘간 머물 수 있도록 허락해 주었다.

학술답사가 진행되는 동안 우리는 서울장 여관을 베이스캠프로 해 정선군의 여기저기를 다니며 민요와 방언을 조사했다. 조별로 버스 시간에 맞춰 각 지점들의 조사가 진행되어야 했기 때문에 정확한 시간에 버스를 타는 것이 중요했다. 버스가 하루에 두세 번밖에 운행되지 않는 지점의 경우 이른 아침 조사를 나갔다가 저녁 시간이 되어서야 돌아와야 했다. 버스 시간에 맞춰 허둥대며 출발하고, 흙먼지 피어오르는 시골 길에 앉아 돌아가는 버스를 기다리며 저녁놀을 바라보던 그 시간들이 이젠 다시 돌아갈 수 없는 그리움이 되었다.

우리는 90년과 91년의 7월 말을 그렇게 서울장 여관에서 보냈다. 각 조별로 등산용 버너와 코펠을 이용해 돌아가며 아침 식사와 저녁 식사를 준비했다. 지금 생각해 보면 자료 조사와 정리만으로도 힘든 나날이었지만, 아침저녁으로 부지런히 식사 준비를 하며 쌓았던 선후배의 정은 참 진한 것이었다. 설익은 된장찌개 하나 놓고 먹었던 거친 식사. 하지만 밤하늘의 별들과 모두의 웃음이 함께했던 젊은 날의 빛나는 시간이었다.

2013년 7월 22일, 다시 정선 버스 터미널을 찾았다. 꼭 23년만의 일이다. 그동안 이곳에 와 볼 일이 없었다는 사실이 조금 무심하게 생각됐다. 밖에서 바라본 터미널 건물은 여전히 옛 모습을 지니고 있었다. 새로 페인트를 칠한 건물은 마치 진하게 화장한 옛사랑을 보는 것처럼 어색했다. 건물 꼭대기에는 세월이 무색하게 선명한 빨강과 흰 색깔로 디자인된 '서울장여관' 간판이 내걸려 있었다.

터미널 안으로 들어서자 한산한 대합실과 물건들로 복잡한 매점이 눈에 들어왔다. 터미널 한 쪽 벽에는 '추억의 시내버스' 그리고 '정선여행'이라는 글자가 쓰인 둥근 표지판과 버스 운행 시간 알림판이 깔끔한 얼굴을 내밀고 있었다. 지방 자치 단체들의 관광 산업 육성 정책에 힘입은 모습이었다. 대합실 밖으로 이곳저곳에서 들어오고 여기저기로 떠나는 버스들의 모습이 반가웠다.

터미널 건물에서 가장 보고 싶었던 것은 다름 아닌 서울장 여관. 여관으로 올라가는 계단 앞으로 가 보았다. 기대와는 달리 계단 입구에 '출입금지'라고 쓰인 종이가 계단을 가로막았다. 세월이 무색했던 외부 간판이 잠시 동안이나마 헛된 기대를 갖도록 했음을 깨달았다. 이젠 더 이상 영업을 하지 않는 여관은 예전의 추억과 조금의 실망감만 불러일으킨 채 시간 뒤로 숨었다. 나는 추억 어린 눈빛으로 여관 계단을 한동안 바라보고 서 있을 뿐이었다.

여관은 예전의 추억과
조금의 실망감만
불러일으킨 채
시간 뒤로 숨었다.
나는 추억 어린
눈빛으로 여관 계단을
한동안 바라보고
서 있을 뿐이었다.

영화 | 시네마 천국

경찰의 안내를 받아 살바토레는 철거를 며칠 앞둔 옛 극장 건물로 들어선다. 한동안 사용하지 않았던 극장 안에는 옛 영화 포스터를 비롯해 객석 의자와 여러 장식물들이 시간의 뒤편 여기저기에 널브러져 있다. 예전 관객들의 환호성을 떠올리며 극장 안을 둘러보던 살바토레는 극장 뒤쪽의 영사실을 올려다본다. 그리고는 발걸음을 옮기다 바닥에 떨어져 있던 석조 사자의 두상과 마주친다. 추억 어린 눈빛은 입으로 영사기 빛을 토해 내던 사자의 얼굴에 잠시 머문다. 뿌연 먼지와 거미줄에 쌓인 철계단은 세월을 돌아 그를 위층 영사실로 안내한다. 벽에 걸린 채 지난 세월을 차곡히 지내 온 옛 필름들을 만져 본 살바토레는 영사실의 깨진 창문을 통해 극장 앞 광장을 내다본다.

영화 '시네마 천국'은 삶의 시간들 속에서 우리가 기억하고 그리워하는 것들을 담고 있다. 엄마에게 혼나고 눈물을

찔끔거리던 꼬마 시절, 아빠 손을 꼭 잡고 가 보았던 한여름 밤의 동네 극장, 사랑하는 누군가 때문에 남몰래 애태웠던 시간들, 거스를 수 없는 운명의 힘을 가슴 아프게 받아들여야 했던 순간들, 모든 것이 변화하는 인생무상(人生無常)의 모습까지도. 살바토레가 폐허가 된 옛 극장 건물을 돌아보는 장면은 지나온 추억 및 흔적들과 조우하는 시간이다. 우리도 가끔 그러한 경험을 하곤 한다. 어른이 되어 찾아간 옛 초등학교 교정의 조그마한 운동장에서, 우연히 들르게 된 예전 동네에서 우리는 우리가 살았었던, 그래서 진한 노스탤지어의 향기가 가득한 그 시간과 공간을 만난다. 그리움이 없는 삶은 오아시스가 없는 사막과도 같은 삶이 아닐까 한다. 그리움이라는 샘물을 시원하게 만끽하고 일어서야 우리는 멀고도 황량한 삶의 길을 다시 용기 내어 힘차게 떠날 수 있으리라.

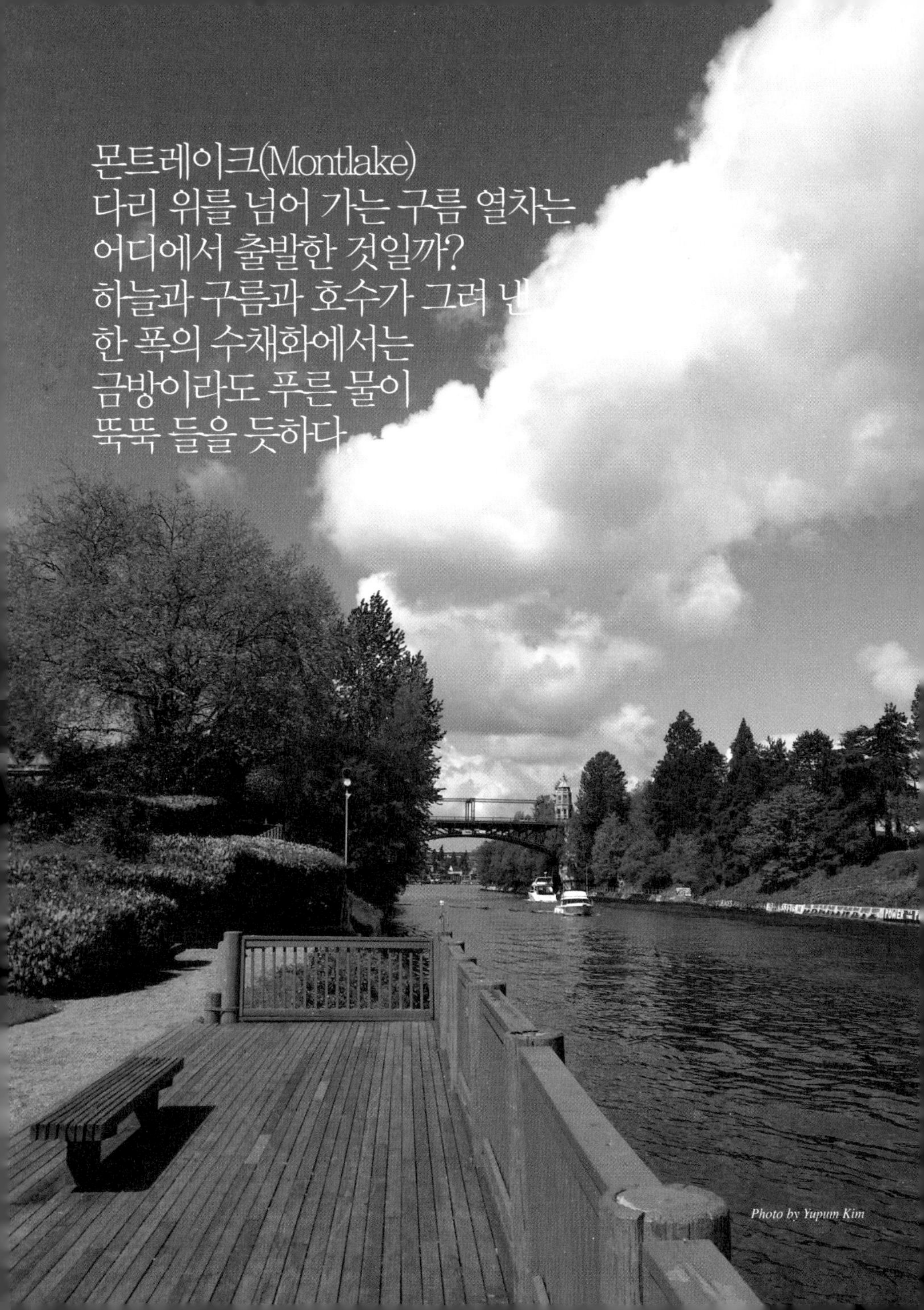
몬트레이크(Montlake)
다리 위를 넘어 가는 구름 열차는
어디에서 출발한 것일까?
하늘과 구름과 호수가 그려 낸
한 폭의 수채화에서는
금방이라도 푸른 물이
뚝뚝 들을 듯하다.
Photo by Yupum Kim

episode #4

가수리 사람들의 욕심 없는 부탁

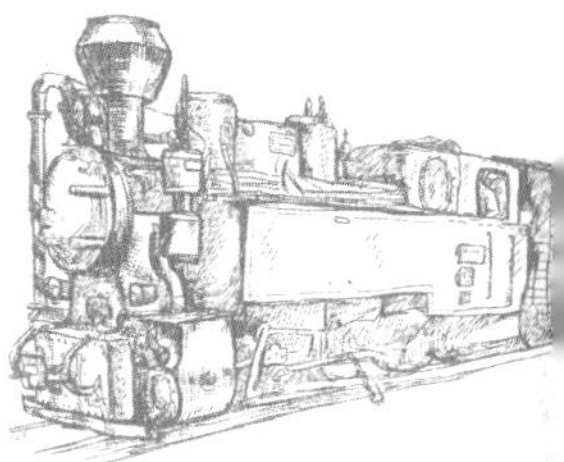

평소 강의 이쪽 끝과 저쪽 끝을 줄로 이어 두고
그 줄을 잡고 배로 강을 건너는 것이
마을 사람들의 도강책(渡江策)이었다.
그러나 비가 많이 와 강물이 불어나면
그것은 속수무책이 될 수밖에 없었다.
늦은 오후, 버스를 타고 숙소로 돌아오며
나는 서정인의 소설「강」을 떠올렸다.

마을 입구에 수백 년 된 아름드리 느티나무가 유유히 흐르는 동강의 푸른 물을 굽어보고 있는 곳. 아름다운 물이 흐르는 마을이라는 뜻의 가수리(佳水里). 누구나 이 마을을 방문해 본다면 다른 곳에서는 느낄 수 없는 이곳만의 특별한 분위기와 만날 수 있다.

정선 읍내에서 다리를 건너 정선 버스 터미널 앞을 지나서 고갯길을 굽이굽이 넘어가면 가수리로 들어가는 길이 시작된다. 오른편으로 동강을 끼고 들어서게 되는 이 길은 동강을 감싸고 있는 가파른 절벽과 그 절벽을 따라 조심스럽게 이어진 좁은 도로, 그리고 강 건너편에 자리한 탁 트인 마을 풍경이 인상적이다. 안개라도 낀 날에는 수묵화 속 어느 선경(仙境)을 보는 듯, 길을 따라 가수리로 향하는 여정은 경이로움의 전주곡과도 같다.

가수리에 도착했음을 가장 먼저 알도록 해 주는, 마을의 수호신 거대한 느티나무. 수령이 500년 이상으로 추정되는 이 느티나무는 가수리의 얼굴이자 지배적인 심상(心象)이다. 20여 년 전 이 마을에 사셨던 유영은 할아버지(당시 74세)는 어려서도 구십 노인이 이 나무는 늘 이렇다고 했던 말을 전하며 나무의 수령이 500년인지 천 년인지 정확히 알 수 없다고 했다. 오랜 옛날부터 마을과 함께해 온 이 느티나무야말로 마을의 터줏대감이요, 살아 있는 역사의 증인인 셈이다.

가수리를 처음 방문했던 1990년 7월 25일. 무더웠던 그날도 느티나무 아래 그늘은 시원했다. 언제나 그렇듯이 마을 입구에 자리한 이 나무는 정선국민학교 가수분교(현재는 가수초등학교)의 울타리 역할을 하며 마을 사람들에게 편안한 휴식처를 제공한다. 느티나무 그늘 아래 모여 여름날의 일상을 보내던 가수리 사람들은 서울에서부터 이 마을을 찾아 온 낯선 학생들을 반갑고 따뜻한 웃음으로 욕심 없이 맞아 주었다.

오래 옛날부터
마을과 함께해 온
이 느티나무야말로
마을의 터줏대감이요,
살아 있는 역사의
증인인 셈이다.

느티나무 아래서 우리는 가수리 사람들이 평소 사용하는 말에 관해 이런저런 질문을 했다.

"할아버지, 논밭을 갈 때요 흙을 갈아엎거나 골을 만들 때 쓰는 농기구를 뭐라고 불러요?"

"그기 시방으는 뭔 경운기로 전부 하지마는 옛날에는 남글(나무를) 깎아 갖고 보구레, 보구레라고 하지요."
"그러면요 보구레를 모는 사람을 뭐라고 불러요?"
"밭 가는 사람? 밭갈애비, 밭갈애비라고 그러죠."

가수리 사람들은 우리들의 질문을 약간은 엉뚱하고도 재미있게 생각하는 것 같았다. 마치 퀴즈 대회에서 답을 맞히는 것처럼 하나씩 답할 때마다 사람들은 유쾌한 웃음을 터뜨렸다. 우리는 이곳 말을 배우러 왔다고 말했지만, 가수리 사람들은 우리가 배우러 온 게 아니라 알러 왔다고 했다.

시간이 지남에 따라 느티나무 아래에는 대답을 해 주시던 몇몇 어르신들 뒤로 하나둘씩 점점 더 많은 사람들이 모여들었다. 늘 조용하고 특별한 일이 없어 보이는 마을에 시끌벅적한 분위기가 만들어지자 마을 곳곳에서 사람들이 관심을 가지고 찾아왔다. 경기도에서 학생들을 가르치던 중년의 교사 한 분도 방학을 이용해 고향 마을에 왔다가 우리를 만나 반가운 마음에 이런저런 말씀을 재미있게 해 주셨다. 지금 생각해 보면 한 분 한 분이 모두 고맙고 소중한 분들이다.

농사일에서부터 자연, 음식, 신체, 친족 등 우리 일상과 관련된 어휘들을 중심으로 질문과 대답이 2시간 넘게 이어졌다. 우리는 가수리 사람들이 사용하는 말을 그 당시에 기록해 놓지 않으면, 그 어디에서도 다시 찾을 수 없는 귀중한 언어 자산이 사라지게 된다고 생각했다. 그래서 조금이라도 더 많이, 더 정확하게 그곳 사람들의 말을 기록하려고 애썼다.

그날 가수리 사람들을 만나 이야기를 나누면서 지금도 잊을 수 없는 일이 있다. 여러 어르신들이 말씀 중간중간 우리들에게 계속 부탁을 하는 것이 있었다. 그건 다름 아닌 마을 앞 동강을 건널 수 있는 다리를 놓아 달라고 청와대에 가 대통령에게 이야기를 전해 달라는 것이었다. 지금 생각해도 좀 황당한 부탁이었지만 아마도 그분들은 우리가 서울에서 온 대학생들이라고 하니 꽤나 높은 자리에 있는 사람들이라고 생각했던 것 같다.

평소 강의 이쪽 끝과 저쪽 끝을 줄로 이어 두고 그 줄을 잡고 배로 강을 건너는 것이 마을 사람들의 도강책(渡江策)이었다. 그러나 비가 많이 와 강물이 불어나면 그것은 속수무책이 될 수밖에 없었다. 이로 인해 마을들이 서로 고립돼 물이 빠지기만을 기다렸어야 했으니 가수리 사람들에게 다리를 갖는 것은 최대의 숙원이었음을 충분히 공감할 수 있었다.

늦은 오후, 버스를 타고 숙소로 돌아오며 나는 서정인의 소설 「강」을 떠올렸다. '대학생'이 특별한 존재로 여겨지던 시절이 있었음을 이 소설에서 볼 수 있었기 때문이다. 더불어 시원한 바람과 함께 짙고 큰 그늘을 드리워 준 느티나무, 그리고 때 묻지 않은 가수리 사람들을 생각했다. 왼편으로 흐르는 동강에는 어느덧 뉘엿뉘엿 해가 지고 땅거미가 내려앉고 있었다.

여름의 무더위를 식혀 주는 녹음수 가운데 녹음도 좋고 잎 모양새와 꽃이 모두 아름다운 나무로는 단연 자귀나무가 으뜸이 아닐까 생각한다. 자귀나무의 잎은 작은 잎사귀들이 잎줄기를 중심으로 짝수로 마주나 새의 깃털 모양을 이루고, 이렇게 생긴 잎들은 다시 그보다 큰 잎줄기에 짝수로 마주나 전체 잎 떨기 하나가 다시 새의 깃털 모양을 이루고 있는 재우상복엽(再羽狀複葉)이라 무척 부드러운 인상을 주고 있는데, 잔바람에도 잔물결을 이루어 더욱 아름답고 시원한 느낌을 준다. … (중략) … 제자를 키우는 마음 못지않게 20여 년간 나는 이 캠퍼스에 자귀나무를 심어 키웠다. 근래에 캠퍼스 내에 정원을 가꾸는 과정에서 새로 시집온 몇 그루의 자귀나무도 있긴 하지만 나는 내가 키운 자귀나무에 더 깊은 의미를 두고 있다. 자귀나무를 집 주위에 심어 놓으면 가정에 불화가 없어지고 집안이 화락해진다고 하니 애써 심겨진 자귀나무를 닮아 갔으면 한다.

김재환의 수필 「자귀나무 斷想」 중에서

나이가 들며 자꾸 자연이 더 좋아진다. '천석고황(泉石膏肓)'과 '연하고질(煙霞痼疾)'이 그냥 생긴 말이 아님을 실감한다. 젊은 시절에는 사람과 세상에 이목을 빼앗겨 자연을 돌아볼 여유가 없었지만, 나이가 들면서 변함없는 산과 물, 나무와 풀에 마음이 간다. 아마도 그간 사람과 세상으로부터 받은 상처와 싫증 때문이 아닐까?

자귀나무의 미덕을 알게 된 건 2000년대 초반 부산에 있을 때였다. 당시 궁궐의 나무를 소개한 책을 읽다가 자귀나무에 대해 알게 되었는데, 어린 시절 큰 신경초라고 생각했던 나무가 바로 자귀나무였음에 무릎을 쳤다. 또한 당시 근무하던 학교의 연구실에서 늘 창밖으로 미소 지으며 바라보던 자귀나무가 흠모하는 선배 교수께서 30여 년 전 개인적으로 심으셨던 것이라는 사실도 한참이 지나서야 알게 되었다. 자귀나무를 통해 어린 시절의 풀 내음 가득한 추억과, 말없이 이어지는 소중하고 아름다운 인연을 만나게 되니 나무의 덕은 참으로 크고 따뜻하다는 생각이 든다.

03

잠자고 있던 추억을 깨우다

Geysers in Yellowstone National Park

Photo by Jinyoung Hwang

레이니어 산을
느껴 보는 방법에는
여러 가지가 있다.
그중 하나는 차분한 실내에서
커다란 창문을 통해
만년설산의 웅장한 자태를
바라보는 것이다.

Photo by Yupum Kim

episode #5

카세트테이프 디지털화하기

카세트테이프 속 음원들은 누군가에게

때론 보고 싶은 사람의 음성을,

때론 그리운 추억의 시간을,

그리고 궁금한 그때의 언어를 들려주게 될 것이다.

잊고 살았던 그 시절의 소리를 되살려 냄으로써

나는 삶의 새로운 소리에 귀 기울일 수 있게 되었다.

서랍 속 카세트테이프의 수명은 언제까지일까? 가끔씩 테이프를 꺼내 보며 드는 생각이다. 쉽게 실천에 옮기지는 못했지만 이 테이프들을 디지털화하여 간직해야겠다는 생각을 늘 가지고 있었다. 일단 아날로그 테이프의 음원을 디지털로 바꾸는 방법, 그리고 테이프들을 하나하나 다시 들어 보며 디지털화 작업을 할 수 있는 시간이 문제였다.

마음이 있으면 몸이 따라간다고 했던가? 드디어 이를 실천할 수 있는 기회가 찾아왔다. 20여 년 만에 강원도 정선으로 다시 방언 조사를 떠날 계획을 세운 후 서둘러 해야 할 일 중의 하나가 예전 카세트테이프들의 음원을 디지털화하는 것이었다. 테이프에 녹음된 예전 음성 자료들을 디지털화해야 이를 자유롭게 듣고 분석함으로써 새로운 자료 수집을 위한 준비를 할 수 있기 때문이다. 이러한 요구는 자연스럽게 카세트테이프들을 본격적으로 디지털화하는 데 시간과 정성을 쏟을 수 있게 해 주었다.

먼저 디지털화하는 방법을 찾아야 했다. 다행히도 주위에 사람의 말소리를 다루는 학문인 음성학을 전공하는 사람들이 있었다. 특히 기계를 이용해 소리를 녹음하고 분석하는 과정이 이 일과 가장 가까운 것이었다. 이러한 디지털화 작업을 진행하는 데 직접적으로 큰 도움을 주었던 사람이 친한 친구 이봉원 교수였다. 이 교수는 오래전부터 내가 이러한 작업을 하고 싶어하는 것을 알고 있었고 언제든 시간이 될 때 이야기하라고 했었다.

디지털화의 방법은 카세트 데크(Cassette Deck)에 카세트 테이프를 재생하여 나오는 아날로그 신호를 디지털 녹음기에 입력하여 바로 소리 파일로 저장하는 것이었다. 이렇게 하기 위해서는 카세트테이프에 저장된 소리를 최대한 잘 재생해 줄 수 있는 좋은 카세트 데크와 이를 소리 파일로 저장할 수 있는 녹음기가 필요했다. 이 교수는 나에게 마란츠(Marantz) 사의 카세트 데크와 로랜드(Roland) 사의 디지털 녹음기를 제공해 주었다.

디지털화는 카세트테이프에 자기장의 형태로 기록되어 있던 아날로그 신호들이 카세트 데크에서 재생되면 데크의 출력 단자를 통해 디지털 녹음기의 입력 단자로 보내지고, 이것이 24비트의 스테레오 웨이브 파일로 저장되는 과정이었다. 24비트의 스테레오를 선택한 것은 카세트테이프의 음원들을 음성 분석의 용도로만 사용하지 않고 최대한 본래의 음질을 잘 유지해 일반 음원으로 영구 보존하기 위함이었다. 카세트테이프 속 음원들은 누군가에게 때론 보고 싶은 사람의 음성을, 때론 그리운 추억의 시간을, 그리고 궁금한 그때의 언어를 들려주게 될 것이기 때문이다.

The Handbook of Phonetic Sciences
The Handbook of Language Contact
SMAT

카세트테이프의
디지털화 작업은
추억으로 여행을 떠나는
기차에 오르는 일과도 같았다.

나는 2012년 말부터 2013년 초까지 겨울 방학 내내 90년과 91년 정선에서 녹음했던 카세트테이프들을 하나씩 직접 디지털화했다. 하나의 카세트테이프는 A면과 B면 각각 45분씩 총 90분의 물리적인 시간이 요구되었다. 하지만 오랫동안 틀지 않았던 탓으로 테이프가 빽빽해 정상적인 속도로 재생되지 않을 때는 테이프를 앞으로 돌려 다시 45분을 작업해야 했다. 작업을 마친 카세트테이프의 케이스에는 색깔 스티커를 붙여 작업 완료를 표시했다. 하나둘씩 작업이 완료된 카세트테이프들이 늘어가고 작업해야 할 것들이 줄어드는 것을 보며 뿌듯함과 성취감에 미소 지었던 시간들이었다.

작업의 결과로 만들어진 디지털 파일들은 먼저 음성 편집 프로그램(Cool Edit Pro)을 사용해 시작과 끝에서 필요 없는 부분들을 깔끔하게 잘라내어 마무리했다. 그리고 연도, 지역과 순서, 제보자, 카세트테이프의 앞뒤를 '90가수리1(유영은)A.WAV'와 같은 형식으로 적어 파일의 이름으로 삼았다. 다 합쳐 20GB가 넘는 크기의 파일들을 컴퓨터의 하드디스크 및 별도의 외장 하드에 하나하나 저장하며 만에 하나 있을 수 있는 데이터의 손상에 대비했다. 후에 이 파일들을 CD에 담아 예전의 제보자들이나 그 가족들에게 전달해야겠다는 생각을 하면서 약간은 들뜬 마음으로 디지털화 작업을 이어갔다.

이런저런 바쁜 일들과 병행하며 진행했던 디지털화 작업을 2013년 2월 초가 되어서야 완성할 수 있었다. 테이프를 들으며 잊고 있던 예전 일들을 떠올리기도 하고, 당시 함께했던 사람들을 추억할 수도 있었다.

모두들 각자의 자리에서 열심히 살고 있겠지만 현재의 모습이 어떨지 궁금하기만 했다. 내 기억 속의 모습들은 20여 년 전 그때의 모습이라는 걸 생각하며 나도 그렇게 기억되고 있을까라는 생각에 피식 웃음이 나왔다. 사람들 중에는 지금까지 근황을 알 수 없는 경우도 있어 이런저런 방법으로 연락을 취해 보기도 했다. 그리고 풋풋했던 청년 때의 목소리를 다시 들으며 가슴속 한 곳에 묻어 둔 나의 친구 광주 생각에 잠시 눈시울이 뜨거워지기도 했다.

카세트테이프의 디지털화 작업은 추억으로 여행을 떠나는 기차에 오르는 일과도 같았다. 그냥 추억으로 여행을 떠나는 것에 그치지 않고 이 작업은 멋진 꿈을 꿀 수 있는 새로운 출발이기도 했다. 잊고 살았던 그 시절의 소리를 되살려 냄으로써 나는 삶의 새로운 소리에 귀 기울일 수 있게 되었다. 카세트테이프 속에 간직해 두었던 옛 이야기들은 잊혔던 것이 아니라 내 마음속에 늘 함께했었다는 사실도 새롭게 깨달았다.

기술 | 소리의 저장

소리를 저장하는 녹음 기술의 등장은 인류의 역사에서 매우 혁신적인 사건이었다. 인간 언어의 시간적, 공간적 제약을 극복하기 위해 만들어진 '문자'는 언어의 내용인 의미와 더불어 형식인 음성까지도 불완전하게나마 기록할 수 있도록 해 주었다. 그러나 음성 언어의 세밀한 모습은 물론 언어 이외의 소리들, 즉 자연이나 음악의 소리는 문자만으로는 본래의 모습 그대로 기록될 수 없었다.

사람이 한 말을 막대관 속에 밀어 넣었다가 마개를 제거하면 그 말이 터져 나오게끔 하거나, 병 속에 메아리를 넣어 두고 몇 시간 동안 그것을 보존하게 하려는, 소리의 저장에 대한 소박하고도 낭만적인 생각들이 있었다. 사람들은 말하는 기계의 발명이 얼었던 언어가 녹으면 그 목소리가 공기 속으로 퍼져 나간다는 이야기처럼 꿈이 현실로 옮겨지는 것이라고 생각했다.

1877년 12월 4일, 에디슨이 주석박(tin foil)을 붙인 실린더(구리로 만든 원통)를 돌리며 "Mary had a little lamb……."이라고 말하자 송화구 끝의 진동판이 떨리기 시작했다. 떨림에 의해 진동판에 부착된 바늘이 주석박에 소리 골을 만들어 냈다. 바늘을 다시 맨 처음 위치로 가져가 실린더를 돌리니 또렷하진 않지만 아까 말했던 에디슨의 말소리를 다시 들을 수 있었다. 이것이 인류가 최초로 소리를 저장하고 재생했던 순간이다.

주석박 실린더는 곧 왁스 실린더로 교체되었고 다양한 형태의 음반과 테이프를 거쳐 무형의 음악 파일에 자리를 내주었다. 즉 음원을 실린더나 음반에 직접 새겨 넣던 녹음 방식에서 마그네틱테이프를 사용하는 자기(磁氣) 녹음 방식을 거쳐, 아날로그 음원을 디지털화하는 디지털 녹음 방식으로 진화했다. 또한 나팔관 앞에서 이루어졌던 어쿠스틱 녹음은 마이크를 이용한 전기 녹음으로 바뀌었다.

녹음과 재생 기술의 발달은 소리가 지니는 일회성을 뛰어넘도록 한 것은 물론 음악 그 자체, 그리고 인류 삶의 모습까지도 크게 바꾸어 놓았다. 음악의 연주와 감상이 분리되고, 우리는 언제 어디서나 자유로운 방식으로 음악을 들을 수 있게 되었다. 이런 기술이 없었다면 나의 추억들도 간유리를 통해 바라본 바깥 풍경처럼 내 기억이나 노트 기록 속에서 희미하고도 주관적인 모습으로 떠다니고 있지 않을까?

공원 한가운데 마련된
피아노를 보면
누구라도 달려가
연주해 보고 싶다.
누구일까?
음악 본능을 자극하는
이런 멋진 야외 콘서트를
기획한 이는.

episode #6

다시 만난 황인용의 영팝스

80년대 저녁 8시부터 두 시간 동안
KBS 제2FM(89.1MH)을 통해 방송되었던
'황인용의 영팝스'.
척 맨지오니(Chuck Mangione)의
'Give It All You Got'이 시그널 음악으로
힘차게 울려 퍼지며 진행되었던 이 프로그램은
내게 팝 음악의 넓이와 깊이를 알게 해 주었다.

황인용 선생님께

마음을 새롭게 하는 눈과 추위가 겨울다운 겨울을 느끼게 해 주는 2013년의 초반입니다.

그동안 건강하고 행복하게 지내셨는지요? 간간이 매스컴을 통해 선생님의 소식을 접하며 30년 가까운 세월을 어떻게 살아오고 계신지 머릿속으로 그려 볼 뿐이었습니다. 고향으로 돌아오셔서 좋아하는 음악을 벗 삼아 사람들과 너무 가깝지도 너무 멀지도 않게 살고 계신 모습이 참 좋아 보입니다.

20세기 시절, 21세기는 먼 미래의 이야기였고 그 미래의 시간 속에 살고 있을 우리의 모습을 떠올리는 일은 그냥 낭만적인 상상이었던 것 같습니다. 이념과 '우리'의 문제가 사회를 지배하던 세계와, 물질과 '나'의 문제가 중요하게 된 오늘을 비교해 보면 참으로 많은 변화가 있었습니다. 몸담고 있는 현실은 늘 불만스럽고 벗어나고픈 질곡이지만, 추억 속의 옛날은 애잔한 향수를 담고 있는 정겨운 사진첩입니다.

올겨울은 그동안 제가 하고 싶었던 일들을 해 보는 시간이었습니다. 영팝스를 들으며 감성을 키웠던 중학생 시절, 그때 녹음한 소중한 보물인 카세트테이프의 음원들을 디지털화하는 데 성공했습니다. 넉넉하지 않은 살림에도 오디오를 좋아하는 중학생 아들을 위해 당시 90만 원대의 에로이카 컴포넌트를 사 주신 부모님 덕분에 비교적 좋은 음질의 음원을 간직할 수 있었습니다. 수신 상태가

최상은 아니었기에 약간의 잡음들이 있긴 하지만 그마저도 정겹게 느껴집니다.

주로 1985, 1986년에 방송되었던 내용을 녹음한 것으로 사이먼 앤 가펑클과 알란파슨스 프로젝트의 스페셜, 방학특선 진귀 디스크 쇼 및 85년 연말특집 팝 명곡 100선의 마지막 날 방송이 남아 있습니다. 당시 제 딴에는 무척이나 신경을 써서 녹음했던 방송들이었고 30년 가까운 시간을 테이프가 손상되지 않도록 보관해 왔습니다. 분주한 삶의 질주 속에서 잠시 뒤를 돌아보는 시간을 갖고, 고마운 친구의 도움을 받아 만나게 된 과거의 추억들이 삶의 큰 힘이 될 수 있다는 사실을 깨닫습니다.

혹 황 선생님께서 이미 이 방송들의 녹음 자료를 가지고 계시다면 더 다행이겠지만, 오래전부터 음원을 디지털화하면 이를 황 선생님께 전해 드려야겠다는 생각을 해 왔습니다. 헤이리에 들를 때마다 항상 카메라타 앞까지 왔었지만 아직 선생님을 만날 준비가 되

지 않았다는 생각에 늘 발길을 돌렸답니다. 오늘 고마운 친구와 함께 이렇게 카메라타를 방문하니 감개가 무량합니다. 선생님을 직접 뵐 수 있을지는 확신할 수 없으나 옛 방송 자료를 담아 선생님을 찾아온 제 마음은 무척이나 뿌듯합니다.

이제 제가 80년대 중반 선생님께서 방송을 하시던 시절의 나이가 되었습니다. 늘 지적이고 음악에 대한 진지한 애정을 보여 주셨던 선생님의 모습이 제 마음속에 깊이 자리 잡고 있습니다. 평생을 지니고 갈 제 음악적 감성의 고갱이가 영팝스를 통해 길러졌다는 사실을 떠올리며 선생님이 하셨던 일이 얼마나 대단하고 영향력 있는 것이었는지 생각해 보게 됩니다. 또한 세월의 힘이 그저 신비하게 느껴질 뿐입니다.

싸이로 대표되는 K-POP의 성공 뒤에는 팝의 시대가 있었습니다. 한국의 음악이 오늘날처럼 발전한 밑바탕에는 세계의 팝 음악을 흡수하고 공부했던 학습의 시간이 있었습니다. 그리고 그런 시간의 중심에 황인용의 영팝스가 있었습니다. 그리움이라는 이름으로만 부르기에는 너무 큰 의미가 된 그 시절과, 그런 시절을 이끌어 주셨던 황 선생님. 멋진 삶을 살고 계신 인생의 선배로서 더 큰 가치들을 깨달을 수 있도록 해 주시길 바랍니다. 고맙습니다.

2013년 2월 13일, 카메라타를 찾은 김유범 드림

1990년과 91년 강원도 정선에서 녹음한 카세트테이프들을 디지털화하면서 꼭 함께 디지털화하고 싶은 테이프들이 있었다. 중학생 시절 FM 라디오를 열심히 들으며 녹음했던 테이프들. 거의 30년 전에 녹음된 테이프들로 바쁜 일상에 쫓겨 몇 번 들을 여유도 없었지만, 아날로그의 특성상 음질이 떨어지거나 테이프가 손상될 것을 염려해 짐짓 듣지 않았었다.

80년대 저녁 8시부터 두 시간 동안 KBS 제2FM(89.1MH)을 통해 방송되었던 '황인용의 영팝스'. 척 맨지오니(Chuck Mangione)의 'Give It All You Got'이 시그널 음악으로 힘차게 울려 퍼지며 진행되었던 이 프로그램은 내게 팝 음악의 넓이와 깊이를 알게 해 주었다. 대중성과 전문성을 조화시킨 기획과 선곡, 아나운서 황인용 씨의 품격 있는 진행은 지금까지도 내 마음을 사로잡고 있다.

디지털화한 옛날 방송 자료를 가지고 찾아가 처음 만난 황인용 씨. 테이블에 앉아 전해 드린 편지를 탄성과 함께 읽어 가시던 모습에서, 뮤직 박스에 들어가 음반을 골라 직접 음악을 틀어 주시던 모습에서, 그리고 함께 앉아 이런 저런 이야기를 나누던 모습에서 그동안 머릿속으로만 그려 오던 모든 것들이 현실로 실현되는 경이로움을 느낄 수 있었다. 짧은 만남이었지만 오래도록 기억될 또 하나의 추억이 되었다.

카메라타에서 황인용 선생님과 함께, 2013

짧은 만남이었지만 오래도록 기억될 또 하나의 추억

'황인용의 영팝스'를 녹음했던 카세트테이프를 디지털화 하며 흥미로운 사실을 하나 발견할 수 있었다. 테이프를 들어 보면 '사이먼 앤 가펑클 스페셜'을 방송한 날, 마침 도쿄에서 일본과의 멕시코 월드컵 예선 1차전이 있었다. 우리 대표팀이 정용환과 이태호 두 선수의 골로 통쾌한 승리를 거둔 소식을 방송 첫 부분에서 중계방송을 편집해 틀어 주며 전하고 있다. 대한축구협회 홈페이지의 '한국축구사' 중 '나라별역대전적'에서 '對 일본 국가대표팀간 역대전적'을 보면 이 경기가 1985년 10월 2일(이날은 수요일이었다)에 있었던 것으로 되어 있다. 방송은 토요일 방송이었고 약 1주일 뒤인 11월 3일(일요일) 일본과의 예선 2차전이 서울 잠실에서 있었으니, 이날 방송은 1985년 10월 26일에 진행되었었음을 알 수 있다. 방송 자료가 실증적인 사료로서의 역할을 톡톡히 해 내고 있는 순간이다.

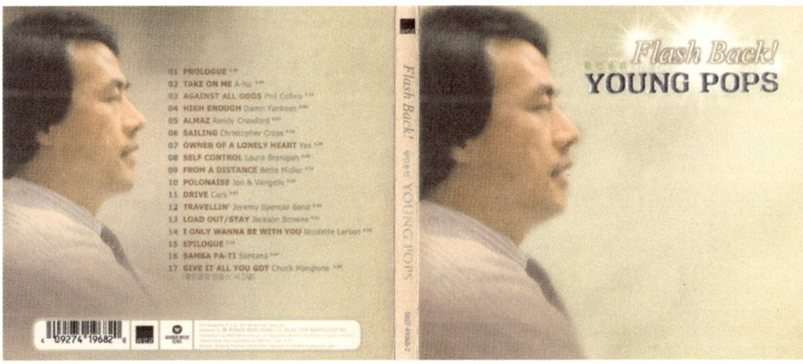

황인용의 영팝스 Flash Back 앨범, 2001

"생각해 보면 인생이 전부 남의 덕에 사는 거예요. 에디슨이 축음기를 만들고, 1920~30년대에 오디오 장인들이 저런 기막힌 오디오를 만들었잖아요. 또 천재 작곡가들이 만든 곡들을 훌륭한 연주자들이 녹음하면 나는 듣기만 하면 되잖아요. 내가 만든 건 아무것도 없어요. 전부 남의 덕이라고요."

어느 일간 신문에 실렸던 황인용 전 아나운서의 인터뷰 기사 중에 나왔던 말이다. 왠지 그의 말에서 마음 가는 대로 해도 법도를 넘지 않는다는 '종심소욕불유구(從心所欲不踰矩)'의 경지를 떠올리게 된다. 인간은 과연 누구의 덕으로 사는 것일까? 강철 같은 의지로 자신의 삶

을 개척해 간 사람들을 우리는 존경한다. 인생에서 오직 어떤 한 가지 목표를 향하여 자신의 모든 것을 쏟아 붓는 사람. 그 투철하고 숭고한 삶의 태도에 엄숙히 고개 숙이지 않을 수 없다. 하지만 그런 삶이 모두가 추앙하고 따라야 하는 유일한 삶은 아닐 것이다. 자신에게 주어진 것이 누군가의 은덕임을 깨닫고 많은 이들에게 감사하는 마음으로 사는 겸허함도 또 다른 미덕일 수 있으니 말이다. 우리가 가지고 있던 모든 것을 두고 떠나는 것처럼 우린 이 세상에 아무것도 가지고 태어나지 않았다는 사실을 되새겨 볼 필요가 있다.

여름 볕으로 무성해진 나뭇잎들은
창밖으로 보이던 워싱턴 호수를
덮어 버렸다. 하지만 나뭇잎들이
드리워 준 시원한 그늘 속에서
나는 추억을 집필한다.

Photo by Yupum Kim

episode #7

새로 발매된 BJH의 옛 앨범

'I've Got a Feeling'은
내가 평생 마음속에 간직하며
살아가고 있는 음악 중 하나이다.
이 음악을 들어 본 어떤 분은
이 음악이 마음의 이쪽 끝과 저쪽 끝을
연결하는 힘이 있는 것 같다는 이야기를 한 적이 있다.

'황인용의 영팝스'를 통해 알게 된 음악들 중 내가 매우 소중하게 생각하는 음악이 한 곡 있다. 영국의 프로그레시브 록 그룹 BJH(Barclay James Harvest)가 1984년 발매한 앨범 'Victims of Circumstance'에 수록되었던 'I've Got a Feeling'. 1984년 가을은 거의 이 곡만을 들으며 보냈던 기억이 난다. 영팝스에서 처음 소개된 후 그해 한 해 동안 제작진들도 이 곡을 무척이나 아끼고 좋아했었다는 황인용 씨의 예전 멘트가 떠오른다.

러시아 이르쿠츠크에서 만난 이미지, 2012

사실 이 곡이 들어 있는 앨범은 전체가 매우 훌륭한 음악들로 이루어져 있고, 더불어 당시에 새롭게 시도한 디지털 녹음이라는 점도 흥미롭다. 또한 매우 인상적인 재킷 디자인은 지금까지도 내 마음을 사로잡기에 충분하다. 중세의 수사(修士 friar)를 연상시키는 헤어스타일에 피에로와 같은 얼굴 화장, 과장되게 부각된 입과 코, 그리고 큰 눈에 보석처럼 맺힌 눈물 한 방울까지 범상치 않은 인물의 캐릭터가 한번 보면 잊을 수 없는 이미지로 기억된다.

참으로 우연하게도 나는 이 이미지를 2년 전 여름, 러시아 이르쿠츠크의 한 식당에서 다시 만나게 되었다. 간단한 식사도 할 수 있는 지하의 맥줏집이었는데, 식사를 마친 후 천장을 올려다보다가 강렬한 인상의 이미지와 마주쳤다.

순간 머릿속이 하얘지는 듯한 느낌과 함께 저 그림이 왜 저기 있을까 생각했다. 자세히 보니 BJH의 앨범 재킷은 아니었고 뭔가 다른 배경을 지니고 있는 것 같았다. 또한 인물의 분위기나 모습이 어딘가 모르게 좀 다르다고 느꼈다. 더 이상 새로운 사실을 알 수는 없었고 사진을 몇 장 찍어 두는 것으로 만족했지만, 한편으로는 BJH의 앨범 재킷이 저 그림을 이용했던 것은 아닐까 하는 생각이 들기도 했다. 이에 대한 보다 자세한 내용을 알게 된 것은 한국으로 돌아와 한 달 가량이 좀 지나서였다.

어느 날 인터넷 검색을 하다가 BJH의 'Victims of Circumstance' 앨범이 두 달 전쯤 리마스터링되어 새롭게 발매된 사실을 알게 되었다. 즉시 음반을 구해서 보니 공연 실황과 관련 싱글 버전 수록곡들이 포함되어 2장의 CD로 만들어진 앨범이었다. 새로운 모습으로 다시 발매된 앨범을 만난 기쁨은 단순히 기쁘다는 말로 표현하기에는 부족했다. 앨범 안에 들어 있는 음반 해설을 읽어 보니, 독일의 한 여배우를 모델로 하여 그려진 포스터를 모티브로 BJH가 자신들의 앨범 재킷을 만들었다는 사실을 알게 되었다.

요제프 슈타이너, Bier Cabaret, 1912

1910년대부터
연극과 영화에서
코미디 연기를 펼치던 그녀는
유성 영화가 새롭게 등장하던
시대를 맞이하며 돌연 자살로
자신의 생을 마감했다.
젠타 죄넬란트

본래의 그림은 독일의 유명한 일러스트레이터 요제프 슈타이너(Josef Steiner 1877~1935)가 그린 'Bier Cabaret'의 광고 포스터인데, 이것은 당시의 인기 코미디 여배우 젠타 죄넬란트(Senta Söneland 1882~1934)를 모델로 한 것이었다. 1910년대부터 연극과 영화에서 코미디 연기를 펼치던 그녀는 유성 영화가 새롭게 등장하던 시대를 맞이하며 돌연 자살로 자신의 생을 마감했다. 그녀가 왜 자살을 했는지는 정확히 알 수 없지만(전해 남편의 죽음도 중요한 이유가 되었을 것이다) 'Victims of Circumstance'라는 BJH의 앨범 타이틀이 이와 관련이 있는 것은 아닐까라는 생각을 해 보게 된다. 이러한 시각으로 앨범 재킷을 다시 보니 인생의 희로애락이 인물의 표정과 눈물에 모두 담겨 표현된 느낌이 든다.

1984년 발매된 본래의 LP 앨범과 2012년 새로 발매된 리마스터링 앨범 모두가 내게는 소중한 보물이다. 특히 'I've Got a Feeling'은 중학교 2학년 때 처음 접했던 음악으로 내가 평생 마음속에 간직하며 살아가고 있는 음악 중 하나이다. 이 음악을 들어 본 어떤 분은 이 음악이 마음의 이쪽 끝과 저쪽 끝을 연결하는 힘이 있는 것 같다는 이야기를 한 적이 있다. 나는 이 이야기가 음악이 전해 주는 느낌을 매우 적확하게 표현했다고 생각한다. 이 음악을 통해 난 음악이 단순한 추억을 넘어 인생의 소중한 동반자가 될 수 있다는 생각도 해 보게 된다.

BJH, Victims of Circumstance, 1984/2012

음악이
단순한 추억을 넘어
인생의 소중한 동반자가
될 수 있다는 생각도
해 보게 된다.

'진보적(progressive)' 음악이란 과연 어떠한 음악을 말하는 것인가? 우리는 '진보적'이라고 하면 그 이전과 비교해 무언가 더 발전하고 시대를 앞서가는 측면이 있기를 기대한다. 그렇다면 음악에서의 진보란 과연 무엇을 말하는 것일까? 적어도 팝 음악에서 '진보적'이라는 단어는 주로 1970년대에 영국을 중심으로 유럽에서 활동하던 여러 그룹들을 대상으로 그들이 추구했던 음악을 지칭할 때 사용하고 있다.

록(rock) 음악을 중심으로 사이키델릭(psychedelic)하고 히피(hippie)적인 문화가 유행하던 1960년대 후반, 실험적이고도 예술적인 새로운 시도들이 등장했다. 그러한 시도 중의 하나가 록 음악에 클래식 음악의 요소들을 접목시킨 것이었는데, 그것은 음악의 형식 및 구성, 연주에 사용되는 악기 등 다양한 측면에서 나타났다. 즉 음악 한 곡의 길이가 3분이어야 한다는 고정관념에서 벗어나 특정한 주제 아래 여러 곡들이 모여 하나의 콘셉트 앨범을 이루었고, 클래식 음악의 화성법을 바탕으로 다채롭고 화려한 코드를 사용했다. 또한 다양한 클래식 음악의 악기들과 신시사이저의 사용은 팝 음악에 품격과 함께 경이로움을 선사했다.

플루트의 감미로운 선율이 지배하는 킹 크림슨(King Crimson)의 'I Talk to the Wind'를 들어 보라. 록 음악이

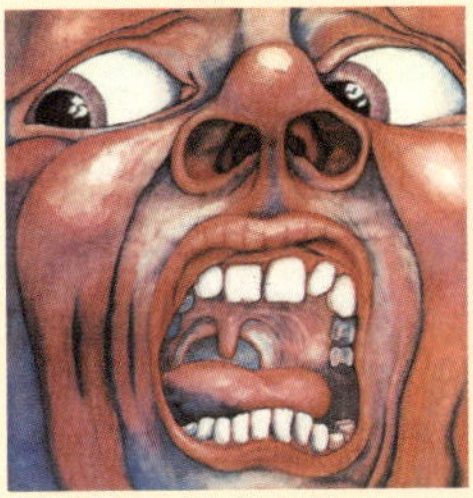 

클래식 음악의 요소를 접목해 어떻게 예술적으로 진보하는지를 말해 준다. 이러한 프로그레시브 록(또는 아트 록)은 핑크 플로이드(Pink Floyd), 예스(Yes), 에머슨 레이크 앤 파머(Emerson Lake and Palmer), 제네시스(Genesis), 무디 블루스(Moody Blues) 등 전설적인 그룹들에 의해 새로운 '클래식'이 되었다. 유명 오케스트라들이 특별히 이들의 음악을 연주한 앨범을 내놓은 사실은 이러한 상황을 잘 보여 준다.

예술성과 서정성을 기본으로 미래적이고 실험적인 사운드에 철학적이고도 강렬한 메시지를 실어 전달하고 있는 프로그레시브 록은 음악이 우리에게 줄 수 있는 매우 멋진 모습의 하나를 선사한다. 클래식 음악과 구분되던 인스턴트적인 팝 음악에 클래식 음악의 요소를 접목시켜 팝 음악의 수준을 한 단계 진보시켰다는 점에서 우리는 프로그레시브 록으로부터 정반합(正反合)의 변증법적 메커니즘을 살펴보게 된다.

04 새로이 추억을 방문하다

Olympic National Park

정선에서 보낸
또 한 번의 여름

Photo by Yupum Kim

어느 해 여름
조규찬의 데뷔곡 '무지개'에
온통 귀를 빼앗긴 적이 있다.
중학교 졸업 앨범 속에서
찾게 된 규찬이가
이렇게 멋진 음악을
하게 될 친구임을
그때는 알지 못했다.

Photo by Jinyoung Hwang

episode #8

아침 안개 자욱한 가수리 마을

헤르만 헤세의 시 속에 그려진 안개 속 세계에서는
고독한 우리 삶의 본질과 만날 수 있지만,
가수리에서 만난 안개 속 세계에서는
'우리'가 모두 함께 있었다.
안개 속에서
서로가 서로의 손을 꼭 잡고
한껏 웃음 지으며 말이다.

2013년 1월 25일, 23년 만에 다시 가수리를 찾았다. 동강을 끼고 가수리로 들어서는 길은 빙판으로 무장하고 외부인의 접근을 경계했다. 겨울의 가수리는 차가운 눈과 얼음 속에 자신의 모습을 감추어 두고 겨울잠을 자고 있는 듯했다. 무성했던 느티나무는 여름의 푸른 녹음을 벗어 두고 팔 벌려 하늘을 맞이하고 있었다.

모든 것이 눈 속에 감춰져 있었지만 가수리는 20여 년 전의 모습을 거의 그대로 간직하고 있었다. 느티나무가 여전히 늠름하게 서 있었고, 동강을 내려다보며 옹기종기 살뜰하게 부대끼며 지내는 가옥들이 있었다. 다만 가수분교에 새로운 건물들이 들어서고 현대화의 흔적이 보인 것은 반가운 일이었다. 언제까지나 아이들을 옛 추억 속에만 놓아둘 수는 없는 일이니 말이다.

가수리로 향하며 나의 눈을 사로잡은 것이 있었다. 바로 강을 따라 이어진 도로 중간중간에 놓인, 강 건너편 마을로 들어가는 다리들이었다. 20여 년 전 대학생이었던 우리가 청와대를 방문해 대통령에게 이야기한 것은 아니었지만 그사이 이곳에 다리가 놓인 사실이 무척이나 반갑고 좋았다. 차가운 동강 물이 흐르는 가수리 마을 느티나무 앞에도 건넛마을로 이어진 든든한 다리가 겨울 햇살에 빛나고 있었다.

물이 아름다운 마을
가수리

이 겨울에 가수리를 찾은 것은 돌아오는 여름, 23년 만에 이곳 정선 지역의 말을 다시 조사하기 위해서였다. 대학원생들을 중심으로 꾸려진 이번 사전 답사가 내게는 그때 그곳을 찾아가는 추억 여행으로, 학생들에게는 상상만 하던 세계를 방문해 보는 신비로운 체험으로 다가왔다. 계획된 조사 지역들을 미리 방문해 협조를 구하고 숙소를 알아보는 것과 더불어 조사에 필요한 제반 사항들을 점검할 수 있었다.

시간이 흘러 다시 여름이 되었다. 학부생과 대학원생으로 구성된 20명의 조사팀이 5개 조로 나뉘어 3일간 정선 지역의 각 지점들을 조사하기로 했다. 내가 속한 조는 조사 이틀째인 7월 22일 가수리를 방문하게 되었다. 가수리는 조사 계획을 수립할 때부터 내가 꼭 가 보고 싶었던 조사 지점이었다.

아침부터 쏟아지는 빗속을 뚫고 가수리로 향했다. 일시적으로 폭포를 이루어 절벽에서 도로로, 다시 동강으로 흘러내리는 물줄기는 신비로움을 지나 흥미롭기까지 했다. 마치 영화 '쥐라기 공원(Jurassic Park)'의 한 장면처럼 절벽 여기저기서 자동차 앞면과 측면 유리로 굵은 물줄기가 덤벼들었다. 전정란 할머니 댁만을 잠시 방문하고는 우린 다시 돌아 나와야 했다. 비가 더 오면 돌아가는 것이 힘들 수도 있었기 때문이다.

다음날 아침, 모든 조가 함께 가수리로 향했다. 쏟아지는 빗줄기 때문에 불어날 강물을 걱정해 어젠 가수리를 조사하지 못했기 때문이다. 어제처럼 많은 비가 내리지는 않았지만 오전에도 빗방울이 흩뿌렸다. 가수리로 들어서는 길에서부터, 길을 따라 이어진 산과 강, 그리고 또 다시 찾아간 가수리 마을까지 온통 안개가 자욱했다. 산과 강과 마을의 경계를 흩어 놓은 아침 안개는 가수리를 더욱 신비롭게 만들었다.

산과 강과 마을의 경계를
흩어 놓은 아침 안개는
가수리를 더욱
신비롭게 만들었다.

비가 그쳤다. 가수리에 도착했을 때 하늘은 여전히 흐렸지만 비 온 뒤의 상쾌함이 우리의 몸과 마음을 아늑하게 감싸 주었다. 경쾌한 발걸음과 즐거운 웃음으로 우리는 다 함께 마을 위쪽에 자리 잡은 마을 회관으로 찾아갔다. 깔끔하게 지어진 현대식 건물 안에는 이미 여러 어르신들이 모여 계셨다. 마을의 사랑방 역할을 하는 이곳에서 가수리 사람들은 또 다시 우리를 욕심 없이 맞아 주었다.

우리는 여러 어르신들을 모시고 각 조별로 조사 항목을 나누어 조사를 진행했다. 마을 회관 안의 공간을 몇 군데로 나누어서, 또는 회관 마당의 벤치 등 각기 좋아하는 위치에서 편안한 자세로 2013년 가수리 사람들의 말을 마음 기울여 정성껏 기록했다. 조사 중간중간 살아오신 이야기나 가족 이야기로 환한 미소를 짓고 계신 어르신들의 표정에서, 그리고 그 표정을 바라보며 옛 이야기를 새로운 전설로 듣고 있는 학생들의 눈망울에서 난 과거와 미래의 반가운 만남을 보았다.

23년 전에 비해 더 전문화되고 세련된 방법으로 조사가 진행되는 것을 보며 난 뿌듯함에 빙그레 웃음 지었다. 전해 가을부터 틈틈이 모임을 가지며 방언 조사가 무엇인지, 그 방법은 어떠한지, 90년과 91년의 조사는 어떻게 이루어졌는지 등을 함께 공부하며 준비한 보람을 현장에서 확인해 볼 수 있었기 때문이었다. 나 자신이 잘할 때보다 내 아이가 잘할 때 느끼는 기쁨이 더 큰 것처럼 학생들의 경우에도 그러했다.

조사를 마치고 우리는 느티나무가 있는 마을 입구로 내려왔다. 안개에 덮여 신성한 기운이 감도는 듯한 동강 물을 바라보며 우리는 신비한 안개 속 세계를 만끽했다.

이상하다 안개 속을 헤매는 것은
숲도 돌도 저마다 외롭구나
어느 나무도 다른 나무를 보지 못하니
모두가 외로이 혼자 있는 것이다

나의 삶이 빛으로 환했을 때엔
세상은 벗들로 가득했었으나
이제 안개 자욱하니
모두 사라지고 흔적조차 없구나

모든 사람들로부터 자신을 떼어 놓는
소리도 없고 피할 수도 없는
이 어둠을 모르고서야
그 누가 슬기롭다 할 것인가

이상하다 안개 속을 헤매는 것은
인생이란 고독한 것
어느 누구도 다른 사람을 알지 못하니
모두가 외로이 혼자 있는 것이다

헤르만 헤세, 「안개 속에서」

헤르만 헤세의 시 속에 그려진 안개 속 세계에서는 고독한 우리 삶의 본질과 만날 수 있지만, 가수리에서 만난 안개 속 세계에서는 '우리'가 모두 함께 있었다. 안개 속에서 서로가 서로의 손을 꼭 잡고 한껏 웃음 지으며 말이다.

오후로 가는 시간, 마을에는 여전히 안개가 자욱했다. 23년이라는 시간의 강을 건너 찾아온 마을에는 다리가 놓이고, 새로운 학교 건물이 들어서고, 현대식 마을 회관이 지어졌다. 하지만 마을이 지닌 고즈넉한 편안함과 강물 같은 순수함은 세대에서 세대로 아름답게 흐르고 있었다. 신비로운 아침 안개가 자욱한 마을을 마음속에 담은 채 다시 가수리를 떠났다. 이번에는 너무 머지않은 시간 뒤에 또 다시 가수리를 방문하겠다는 약속을 내 자신과 해 보았다.

그림 | 몽유도원도

한국미술사 전문가 안휘준 교수의 설명에 따르면 보통의 동양화들과는 달리 그림의 이야기는 왼쪽 아래에서부터 오른쪽 위로 전개된다. 전체를 네 부분으로 나누어 볼 때 첫 부분은 나지막한 야산으로 이루어진 현실 세계로 아래쪽에서 현실 세계와 꿈속 세계가 구분되기 시작한다. 다음 부분은 도원의 바깥쪽 입구로서 산과 기암절벽의 상승미와 굴곡미가 환상적인 분위기를 자아내며 이를 따라 이어진 산길은 산꼭대기의 동굴 속으로 사라진다. 그 다음 부분에서 다시 나타난 산길은 산과 바위를 감돌아 또 다시

자취를 감추고 오른편 도원(桃源)으로 시선을 이끄는데, 아래쪽에 단을 이루며 흘러내리는 폭포의 운치가 격이 높다. 마지막 부분은 그림의 핵심인 도원의 경치로서 대나무 숲 속의 초가집들, 물가의 조각배, 붉은색과 노란색으로 채색된 복숭아꽃, 그 사이사이를 감싸든 짙은 연운(煙雲)이 봄날의 나른하고 아득한 느낌을 고조시킨다.

세종 29년(1447) 음력 4월 20일, 안평대군은 도원을 여행한 꿈을 꿨다. 꿈 이야기를 듣고 당대 최고의 화가였던 안

견이 3일 만에 완성한 그림이 '몽유도원도(夢遊桃源圖)'이다. 박팽년과 함께 길을 물어 백 굽이의 산길을 따라 도착한 도원은 넓게 트인 마을로 신선이 사는 곳인 듯했다. 따라온 최항, 신숙주 등과 함께 시를 짓고 노닐다가 안평은 문득 잠을 깼다. 그가 본 도원의 모습에는 도잠의 '도화원(桃花源)'이 투영되어 있다.

일본 천리대학(天理大學)에 소장된 이 그림이 공식적으로 우리나라에서 전시된 것은 1986년과 2009년 두 차례였다. 나는 2009년 새로운 모습으로 단장한 용산의 국립중앙박물관에서 그림을 볼 수 있었다. 전국에서 그림을 보기 위해 몰려든 인파를 바라보며 이렇듯 소중한 우리의 문화적 자부심을 일본이 자신들의 중요문화재로 관리하고 있는 현실이 무척이나 부끄럽고 서글프게 느껴졌다.

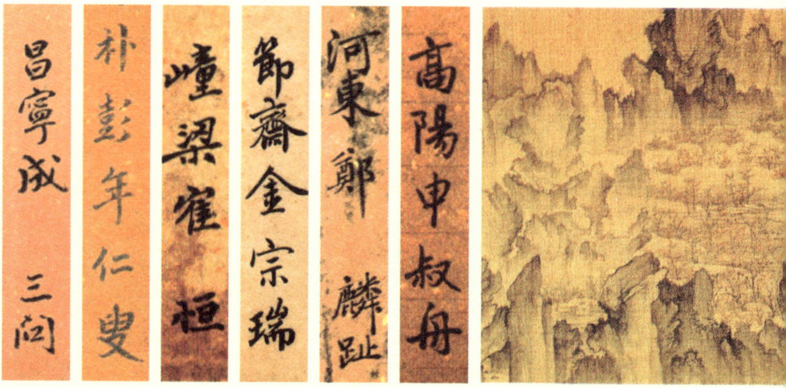

몽유도원도는 단순한 미술 작품이 아니다. 명필 안평의 시문(詩文), 안견의 그림(38.7×106.5㎝)과 안평의 기문(記文), 그리고 21인 명사들의 시문으로 구성된 장엄한 예술 작품이다. 성삼문, 정인지, 신숙주, 김종서, 서거정 등 우리가 잘 아는 역사적 인물들이 남긴 친필 시문은 바라보는 것만으로도 가슴을 뛰게 한다. 계유정란으로 빗어진 이들의 서로 다른 운명과 삶의 모습은 인생무상을 절감하게 한다.

서울 부암동에 남아 있는 무계정사(武溪精舍)의 옛터를 돌아보면 도원에서 이들이 함께 의기투합했던 지난 봄날에 대한 서글픈 추억을 떠올리게 된다. 부근에 있는 현진건의 집터가 친일 문학에 굴하지 않고 가난하지만 높았던 그의 삶을 간직하고 있어 우리에게 쓸쓸한 위로를 전한다.

록 그룹 'Grateful Dead'를
이끌던 제리 가르시아의 손에
기타 대신 빵과 커피가 들려 있다.
동네 베이커리 'Grateful Bread'에서
즐기는 브런치는
행복한 하루의 시작이다.

Photo by Yupum Kim

episode #9

그리웠고,
반갑고, 정겹고,
매력적인 사람들

정선의 맑고 순수한 자연과

그 자연을 닮은 사람들을 만나는 일.

어쩌면 이 일이

정선 지역어 조사가 우리에게 감동을 주고

잊을 수 없는 그리움을 간직하도록 만드는

가장 중요한 이유가 아닐까?

2013년 여름은 내게 특별한 의미로 다가온 시간이었다. 오랫동안 막연히 생각만 해 오던 일을 실천에 옮겼다는 뿌듯함과 더불어 23년 만에 다시 찾아간 정선에서 한동안 잊고 지냈던 옛 추억과 만날 수 있었기 때문이다. 또한 내 추억의 세계에 새로운 세대를 초대해 색다른 경험을 쌓고 또 다른 추억을 만들 수 있도록 하는 시간이기도 했다. 추억과 만나고 이것을 새로이 공유하는 일이 얼마나 큰 즐거움인가를 느낄 수 있었다.

이 시간 속에서 가장 마음 따뜻해지는 순간은 바로 사람들을 만나는 때였다. 그리웠고, 반갑고, 정겹고, 매력적인 정선의 사람들을 만나는 일. 어쩌면 이 일이 정선 지역어 조사가 우리에게 감동을 주고 잊을 수 없는 그리움을 간직하도록 만드는 가장 중요한 이유가 아닐까? 20여 년 전 정선 지역의 말을 들려주셨던 제보자들을 다시 만나는 일은 물론이고, 이젠 돌아가시고 안 계신 예전 제보자들의 배우자들을 만나보는 일 또한 우리의 마음속에 뜨거운 무언가를 느끼도록 해 주었다.

먼저 예전 제보자들을 다시 만나는 것은 더없이 반갑고 흥분되는 일이었다. 1990년 제보자 낙천리의 정의석 할아버지. 지난 1월, 23년 만에 다시 만나 뵌 정의석 할아버지는 90년 조사 당시 낭랑한 목소리를 지녔던 인상적인 제보자 중 한 분이셨다. 특히 정선 지역의 특수한 모음인 'ㅚ[jø]'

의 정확한 발음을 여러 차례 들려주셔서 조사자들을 매우 놀라게 했던 사실을 당시의 녹음 자료를 통해 확인해 볼 수 있다. 6·25 참전 용사이기도 하셨던 할아버지는 지병으로 인해 다리를 움직이지 못하시고 귀도 많이 어두워지신 모습이었다. 23년 만의 재회가 반가움과 더불어 안타까움과도 마주하게 하는 순간이었다.

정의석 할아버지 문패

1991년 제보자 유평리의 이용성 할아버지는 여전히 건강하신 모습으로 새로운 학생들을 맞아 주셨다. 91년 당시 50대 초반이셨던 할아버지는 이제 일흔을 넘기셨지만 가벼우면서도 진지한 모습으로 오랜 시간 우리들과 유쾌한 대화를 나눠 주셨다. 함께 옆에서 이런저런 말씀으로 조사를 도와주셨던 박분옥 할머니의 따뜻한 내조도 흐뭇한 웃음을 짓도록 해 주었다. 앳된 얼굴로 정면을 응시하고 있는 두 분의 혼례 사진과 시집오실 때 할머니가 손수 지어 오셨다는 할아버지의 옷을 바라보며 우리는 다정다감한 두 분의 순수하고도 아름다운 연분을 마음속에 담을 수 있었다. 할머니가 차려 주신 감자밥이 있는 소박한 시골 밥상도 오래도록 잊지 못할 또 하나의 그리운 추억이 되었다.

이용성 할아버지와 박분옥 할머니

91년의 또 다른 제보자 용탄리의 전금옥 할머니는 '말주머니'라는 별명답게 여전히 활기차게 말씀을 해 주셨다. 아

내 추억의 세계에
새로운 세대를 초대해
색다른 경험을 쌓고
또 다른 추억을
만들 수 있도록 하는
시간이기도 했다.

정선의
맑고 순수한 자연과
그 자연을 닮은
사람들

정의석 할아버지 문패

이용성 할아버지와 박분옥 할머니

전정란 할머니

금옥 할머니

나승달, 이성룡 할아버지

시 | 백석 시

이것은 아득한 옛날 한가하고 즐겁든 세월로부터
실 같은 봄비 속을 타는 듯한 녀름볕 속을 지나서
들쿠레한 구시월 갈바람 속을 지나서
대대로 나며 죽으며 죽으며 나며 하는 이 마을 사람들의
으젓한 마음을 지나서 텁텁한 꿈을 지나서
지붕에 마당에 우물든덩에 함박눈이 푹푹 쌓이는 여늬 하로밤
아배 앞에 그 어린 아들 앞에 아배 앞에는 왕사발에
아들 앞에는 새끼사발에 그득히 사리워 오는 것이다

「국수」 중에서

우리가 일상에서 먹고 있는 음식인 '국수'가 오랜 세월 우리의 조상과 이 땅의 계절을 거쳐 우리 앞에 놓인 것임을 백석은 그림을 그리듯 노래하고 있다. 누구나 느끼는 것이겠지만 백석의 시는 쉽게 읽히지 않는다. 좋은 것은 쉽게 접근을 허락하지 않는 법, 그의 시를 마음속에 넣어 두고

매만지기까지는 시간과 노력이 필요하다. 그것은 무엇보다도 백석이 만들어 낸 시의 언어가 범상하지 않기 때문이다.

30년 넘게 백석 시를 연구해 온 고형진 교수는 백석 시의 매력이 일차적으로 가공되지 않은 자연어가 발산하는 친근한 정감과 숙성한 맛에서 나온다고 말한다. 평안 방언이 바탕이 된 구체적이고 풍성한 시어의 사용이 그러하다. 익숙하지만 상징적인 감정 형용사들의 사용, 그리고 서사적이고 독특한 문장 구성 또한 그의 시를 특별한 것으로 만든다.

대학에 들어와 처음 읽었던 백석의 시 「남신의주(南新義州) 유동(柳洞) 박시봉방(朴時逢方)」. 제목도 특이하고 시어도 낯설었던 백석의 시를 읽고 또 읽으며 춥고 쓸쓸한 방 안에서 마음이 화롯불처럼 발그레해졌던 기억이 떠오른다. 이 시에서 백석이 추구했던 고결한 정신세계인 '굳고 정한 갈매나무'도 선명하다. 우리는 '싸움과 흥정으로 왁자지껄하는' 세상에서 그가 바라보았던 삶의 모습도 만나 볼 수 있다.

하늘이 이 세상을 내일 적에 그가 가장 귀해하고 사랑하는 것들은 모두 가난하고 외롭고 높고 쓸쓸하니 그리고 언제나 넘치는 사랑과 슬픔 속에 살도록 만드신 것이다

「흰 바람벽이 있어」 중에서

추억의 힘을 옮겨
새로운 꿈의
정수박이에 들어붓다

Seattle Art Museum

추억과 꿈이 만나는 시간

Photo by Yupum Kim

갈매기처럼 날아 찾아간
캐나다 흰 바위 마을에는
초등학교 때 친구가 살고 있다.
먼 이국땅에
어린 시절의 추억을
나눌 친구가 있으니
반가움과 고마움이
함께한다.

Photo by Yupum Kim

episode #10

새로운
꿈을 위한 준비

생각이라기보다는

오래된 내 작은 꿈이라고 하는 것이 더 좋을 것 같다.

그건 서랍 속에서 오래도록 잠자고 있는

20여 년 전 카세트테이프의 소리들을 깨우는 것이었다.

잠자고 있는 소리를 깨우기 위해서는

추억의 장소로 새로이 답사를 떠나야 할 필요가 있었다.

2012년의 시작, 부산에서 서울로 다시 온 지 어느덧 4년이라는 세월이 흘렀다. 부산에서 지낸 6년이란 시간은 내 삶을 보다 풍요롭게 해 주었다. 제2의 고향이라고 생각할 만큼 부산에 대한 각별한 애정과, 다른 지역색을 지녔지만 삶의 아름다움에 대해 마음을 나눌 수 있는 멋진 사람들과, 성숙한 연구자로서 또 교육자로서 갖추어야 할 것들에 대한 유익한 경험들을 간직할 수 있었던 소중한 시간이었다. 서울에서만 지냈다면 결코 알 수 없었을 빛나는 가치들을 난 부산에서 만날 수 있었다.

서울로 돌아와 새로운 생활에 대한 안정감을 찾아가며 마음 한 구석에 늘 가지고 있었던, 그러나 쉽게 실천에 옮기지 못했던 생각이 하나 있었다. 생각이라기보다는 오래된 내 작은 꿈이라고 하는 것이 더 좋을 것 같다. 그건 서랍 속에서 오래도록 잠자고 있는 20여 년 전 카세트테이프의 소리들을 깨우는 것이었다. 잠자고 있는 소리를 깨우기 위해서는 20여 년 전 추억의 장소로 새로이 답사를 떠나야 할 필요가 있었다. 20여 년 세월 동안의 변화를 살피는 것이 예전 자료가 지닌 가치를 제대로 살릴 수 있는 유익한 방법이 될 수 있었기 때문이다.

대학이 취업을 위한 전초 기지가 되고 교수는 자신의 연구 업적 제고에 모든 것을 집중해야 하는 오늘날의 현실은 20여 년 전과는 상당히 다른 환경이 되었다. 방학 때 학생들을 데리고 답사를 떠나는 일이 녹록치 않은데, 그것은 답사를 위한 준비와 답사 후의 마무리를 위해 상당한 시간을 할애해야 하기 때문이다. 이러한 현실적 상황이 서울로 다시 돌아오면서부터 갖게 된 나의 작은 꿈을 소신껏 펼치기 어렵게 했다. 이러한 현실을 극복할 수 있는 용기를 낼 수 있었던 것은 오재혁 박사가 있었기 때문이다.

오 박사는 2012년 여름에 박사학위를 받고 국어 음성학과 음운론 연구에 몰두해 있었다. 대학 후배이기도 한 오 박사는 나처럼 학부 시절부터 학과 학술답사에 대한 많은 경험을 가지고 있었다. 그래서 지역어를 조사하고 그 자료를 정리하는 일이 얼마나 가치 있는 것인가를 누구보다도 잘 알고 있었다. 이런 오 박사에게 어느 날 난 정선 지역과의 인연 그리고 새로운 답사에 대한 나의 구상을 이야기했다. 예전과 달리 학술답사가 더 이상 이루어지지 않고 있는 현실을 안타까워하고 있던 오 박사는 내 뜻에 전적으로 동조해 주었다. 우리는 함께 의기투합해 새로운 답사 진행을 위한 노력을 주저 없이 경주하기로 했다.

제일 먼저 대학원생들과 이러한 계획에 대한 생각을 함께 나누고 뜻을 모아 학술답사 준비를 시작했다. 정선 지역어에 대한 선행 연구들을 체계적으로 정리하며 이에 대한 언어학적 이해를 높이고 연구 주제를 모색해 보는 기회를 가졌다. 또한 이번 학술답사에 참여할 미래의 꿈나무들인 학

출정식과도 같은
성격을 지녔던
이 설명회를 통해
우리는 이번 답사가
어떤 의미를 지니고 있는지,
그리고 그것이 얼마나 가슴 설레는 일인지를
서로에게 확인시켜 줄 수 있었다.

과의 학부 학생들을 선발해 음성학 및 음운론, 방언학의 기초 공부는 물론 90년과 91년에 수집된 정선 지역어 자료들을 데이터베이스화하는 작업을 수행했다. 이러한 준비 과정들을 통해 우리는 2013년 여름의 새로운 정선 지역어 조사를 위한 기초를 튼튼하게 다져 갈 수 있었다.

겨울 방학을 이용해 나는 카세트테이프에 녹음했던 90년과 91년 정선 지역어 자료들을 하나씩 차례로 디지털화하는 작업을 진행했다. 오 박사는 대학원생들의 연구 모임을 이끌어 주며 학교의 교내연구지원을 위한 계획서를 작성했다. 2013년 1월 25일과 26일 1박 2일로 대학원생들과 겨울 정선으로 사전답사를 다녀왔고, 이를 바탕으로 2월 27일에는 다가오는 여름 학술답사를 위한 '2013 정선 지역 답사 설명회'를 가졌다. 일종의 출정식과도 같은 성격을 지녔던 이 설명회를 통해 우리는 이번 답사가 어떤 의미를 지니고 있는지, 그리고 그것이 얼마나 가슴 설레는 일인지를 서로에게 확인시켜 줄 수 있었다.

드디어 여름이 찾아 왔다. 그동안의 준비 과정을 기반으로 7월 21일부터 23일까지 우리는 23년 만에 다시 정선으로 학술답사를 떠났다. 20명이 5개 조로 나뉘어 정선의 각 지역을 다니며 정선 사람들의 말을 조사했다. 예전의 제보자들은 물론 그 고장의 말을 가장 잘 보유하고 있는 제보자들을 만나 조사를 진행했고, 새로운 세대들의 말을 조사하기 위해 정선 지역 초등학교에 다니는 학생들도 만나 보았다. 20여 년의 시간 동안 이곳의 말도 다양한 변화를 겪었고 새로운 세대들은 이 고장의 고유한 어휘들을 잃어버렸다. 생활환경의 변화에 따른 표준어의 확산이 정선 사람들에게도 큰 영향을 미치고 있었다. 소중한 언어 자산의 보호와 전수가 앞으로의 과제로 다가오는 시간이기도 했다.

우리는
23년 만에 다시
정선으로 학술답사를
떠났다.

답사를 마치고 돌아와 우리는 조사된 자료들을 체계적으로 정리하는 데 시간을 쏟았다. 그리고 이번에 조사된 자료를 20여 년 전에 조사된 자료와 비교하며 그 차이점에 주목해 보았다. 나는 이러한 작업이 지니는 가치와 흥미로운 결과를 많은 사람들과 공유하는 것이 필요하다고 생각했다. 그래서 연말에 정선 지역어에 대한 학술대회를 마련하여 조사와 연구의 과정 및 결과를 공식적으로 발표하기로 했다. 더불어 이 학술대회가 20여 년 전 답사에 참여했던 사람들과 이번에 새롭게 답사를 다녀온 사람들의 반가운 만남의 자리가 되면 좋겠다는 생각을 했다. 나는 이번 학술대회가 정선군에도 큰 의미가 있다고 생각해 정선군수께 편지를 한 통 띄웠다.

군수님께

안녕하십니까? 저는 고려대학교 교수 김유범입니다. 계절도 어느덧 여름의 무더위를 뒤로하고 가을의 절정으로 향하고 있습니다. 정선군의 여러 행정으로 나날이 바쁘실 텐데 이렇게 갑자기 편지를 드리게 된 점 양해해 주시기 바랍니다.

고향이 정선은 아니지만 저와 정선과는 인연이 꽤 깊은 것 같습니다. 전 1990년과 91년 대학 생활에서 2년의 여름 방학을 정선과 함께했습니다. 당시 학과에서 매년 있었던 학술답사의 준비 주체가 되어 2년간 정선으로 답사를 가게 되었고, 정선 지역어를 정리하느라 꼬박 두 해 여름을 보냈습니다. 그런 인연으로 제 학부 졸업 논문도 정선 지역어를 주제로 하여 쓰게 되었습니다.

2001년 박사학위를 받고 6년간 부산에서 재직하다가 2008년 모교로 돌아오게 되었습니다. 정신없이 몇 년의 시간을 보내면서도 마음 한 곳에는 늘 정선 지역어에 대한 애정을 간직하고 있었습니다. 아마도 제가 국어학을 공부하게 된 계기가 정선 지역어를 접하면서였기 때문인지도 모르겠습니다. 그러다가 작년에 정선 지역어에 대한 또 한 번의 답사 계획을 세우게 되었고, 올 1월에 사전 답사를 통해 제반 준비를 하여 지난 7월 21일부터 23일까지 본격적인 정선 지역어 답사를 진행했습니다.

맑고 깨끗한 정선의 자연과 순박하고 정 많은 정선의 사람들을 다시 만난 기쁨은 참 컸습니다. 답사를 준비한 그동안의 시간이 학생들에게는 새로운 세계와, 제게는 옛 추억과 만나는 뜻깊은 계기가 되었습니다. 답사를 마치고 저희는 조사된 자료들을 정리하여 현재 연구를 진행하고 있습니다. 20여 년의 세월 동안 정선 지역어가 어떻게 변화했는지, 앞으로 정선 지역어를 보존하기 위해 무엇이 필요한지를 살펴보고 있습니다.

이런 저희의 연구 결과를 이번 12월 20일에 고려대학교 100주년기념관에서 발표하고자 합니다. 자세한 일정은 동봉한 학술대회 계획안을 참조해 주시면 감사하겠습니다. 저희의 바람은 이날 군수님께서 축사도 해 주시고 저희 발표도 들어봐 주셨으면 하는 것입니다. 이렇게 자리를 빛내 주신다면 저희로서는 더없는 영광이라고 생각합니다. 더불어 정선군의 후원이 있다면 더욱 감사하겠습니다.

저희는 이날 발표된 글들을 손질해 한 권의 책으로 간행할 계획을 가지고 있습니다. 이 책을 통해 정선 지역어가 정선 아리랑에 못지않게 보존하고 전승해야 할 중요한 문화유산임을 많은 사람들이 깨달을 수 있게 되기를 바랍니다.

함께 보내드리는 질문지 및 자료집과 기념 수건은 지난여름 정선 지역어의 조사를 위해 저희가 준비해 두었던 것입니다. 저희는 90 • 91년 조사 때의 녹음 자료를 모두 디지털화해 보관하고 있으며, 이번 2013년 여름에 녹음한 자료들도 잘 정리해 두었습니다. 추후에 이 자료들을 정선군에 기증하려고 하니 소중한 자료로 잘 보관해 주시면 감사하겠습니다.

바쁘신 가운데도 시간을 내어 이 편지를 읽어 주셔서 감사합니다. 정선을 사랑하는 저희의 마음이 잘 전달되었기를 바랍니다. 그럼 군수님으로부터 반가운 소식을 기대하며 행복한 가을을 맞이하시기 바랍니다. 항상 건강하고 즐거운 나날이 되시길 기원합니다. 고맙습니다.

2013년 개천절에

김유범 드림

편지를 보낸 지 얼마 후 정선군으로부터 반가운 소식이 들려왔다. 우리의 취지와 학술대회의 중요성에 공감한 정선군이 이번 학술대회에 후원을 맡아 주는 것은 물론, 당일

부군수께서 학술대회에 참석하시겠다는 소식이었다. 막연한 기대는 가지고 있었지만 막상 실제로 소식을 듣게 되니 참으로 기뻤다. 편지 한 통에 진지하고도 성의 있게 응해 준 정선군에 대해 감사하는 마음이 크게 들었다. 큰 일이든 작은 일이든 상관없이 이렇게 되었으면 참 좋겠다라고 생각했던 일이 실제로 실현될 때 우리는 삶이 전하는 아름답고도 감동적인 전율을 하나 느끼게 된다. 가끔씩 이러한 전율은 이 세상이 살아갈 만한 곳이라고 미소 지으며 지친 모습으로 주저앉아 있는 우리들에게 따뜻한 손을 내밀곤 한다.

글 | 마음을 다한 문장

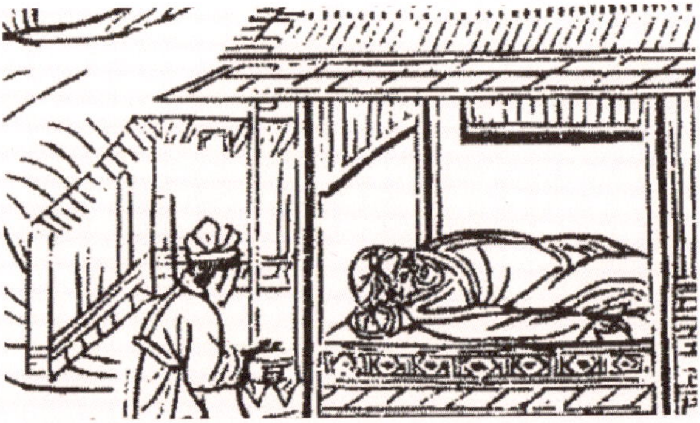

어려서 부모를 잃고 자신의 몸과 그림자만이 서로를 위로하며 외롭게 살아야 했던 측한 사람 이밀(李密). 그는 세상에서 유일하게 자신을 돌보아 준 조모를 위해 벼슬을 사양하는 다음과 같은 글을 진나라 무제에게 올렸다.

지금 저는 망국의 비천한 포로로 지극히 미천하고 지극히 비루하거늘 과분하게 발탁되어 폐하께서 두터운 은총을 내리시니 어찌 감히 주저하며 바라는 바가 있겠습니까? 단지 조모 유씨가 마치 해가 서산에 막 지려 하듯, 숨이 곧 끊어지려 하고 목숨이 위급하니 아침에 저녁 일을 알 수 없습니다. 저는 조모가 없었더라면 오늘에 이를 수 없었을 것이고, 조모께서는 제가 없으면 여생을 마칠 수 없을 것이니 조모와 손자 두 사람이 서로 목숨을 의지하고 있어 이에 걱정스러워 남겨 두고 멀리 갈 수가 없습니다. 신은 올해 나이 마흔네 살이고 조모 유씨는 올해 아흔여섯 살이니, 제가 폐하께 충성을 다할 날은 길고 조모께 은혜를 갚을 날은 짧습니다. 까마귀가 어미 새의 은혜에 보답하는 마음으로 조모가 돌아가시는 날까지 봉양하기를 바랍니다.

'진정표(陳情表)'라 불리는 이 글을 읽은 무제는 이밀의 정성에 감동해 노비와 물자를 내려 그가 끝까지 조모를 봉양할 수 있도록 해 주었다. 이에 이밀은 조모의 상을 마친 뒤 결초보은의 자세로 한중의 태수 직을 수행했다.

세상에는 매력적이고 좋은 글들이 많다. 화려한 수식어와 감각적인 표현을 통해 언어의 예술적 매력을 보여 주는 글이 있는가 하면, 단아하고 간결한 문장과 정확한 어휘 사용으로 마음을 정화하는 담백한 매력을 지닌 글도 있다. 하지만 어떤 경우이든 사람의 마음을 움직이게 하는 것은 글쓴이의 진정(眞情)이 담긴 글이다.

진정이 담긴 글에 사람이 마음을 움직인다는 사실은 '더러운 세상'을 살아가고 있는 우리에게 큰 위안을 준다. 물질과 이익에만 눈먼 세상에서 사람의 마음을 움직일 수 있는 보이지 않는 무언가가 있다는 사실에 눈시울이 뜨거워진다. 종교가 없다면 자신의 양심에 따라 살아가면 된다고 말한 프란치시코 교황의 말 한마디가 이토록 가슴을 먹먹하게 하는 이유는 무엇 때문일까?

유니온 호수
건너편으로 보이는
시애틀 다운타운의 모습은
언제나 미래를 향하고 있다.
세 친구의
힘찬 발걸음을 따라

episode #11

모두가 함께한 작은 축제

우린 긴 시간의 강을 앞에 두고
한동안 말없이 웃음 지었다.
모락모락 김 오르는 겨울 우물,
그 속으로 내려앉는 눈꽃처럼
서로에게 건네는 한 잔 술에
20여 년의 시간과
아련한 그리움과,
처음 만남의 어색함까지도
모두 녹아드는 그런 밤이었다.

12월 20일의 아침이 밝았다. 겨울 아침 공기는 차가웠지만 눈부신 햇살 뒤로 펼쳐진 하늘은 어느 날보다도 맑고 푸르렀다. 하얀 입김을 내뿜으며 학교로 가는 발걸음은 밝고 경쾌했다. 연구실에서 필요한 자료들을 챙겨서 잠시 학과 사무실에 들러 학생들과 이야기를 나누고 중앙광장 옆에 위치한 학술대회장으로 향했다. 기대감과 공존하는 약간의 긴장감은 나를 기분 좋게 했다.

학술대회장에는 이미 여러 학생들이 나와 이런저런 준비를 하며 분주히 움직이고 있었다. 지난 1년간 틈틈이 시간을 내어 공부하고 조사하며 정성을 쏟았던 일에 대한 작은 결실을 맺는 날이라는 생각. 아마도 이러한 생각이 학생들의 마음속에 자리하고 있지 않았을까? 나 역시 그러한 생각으로 학술대회를 기다리며 준비해 왔다. 함께 살 집을 짓듯 우리는 잠시 후 막을 열 멋진 축제를 한마음으로 단장해 갔다.

개회 두 시간 전부터 시작한 학술대회 준비가 어느 정도 마무리될 무렵, 하나둘씩 반가운 얼굴들이 나타나기 시작했다. 학기가 끝난 때였지만 학술대회 소식을 들은 재학생 및 졸업생들이 찾아와 주었다. 사실 이번 학술대회를 마련한 가장 큰 이유 중 하나가 미래의 주인공들에게 새로운 꿈을 갖게 해 주자는 것이었으므로 가장 소중한 청중이라고 할 수 있었다. 모두가 고맙고 사랑스러웠다.

꽤 이른 시간에 정선군의 부군수님과 관련 업무를 담당한 사무관님이 도착하셨다. 학술대회 시간에 맞춰 정선에서 새벽에 출발해 먼 길을 와 주신 것만으로도 감사한 일인데, 처음부터 끝까지 학술대회 전체를 함께해 주셔서 오히려 우리를 감동시켰다. 형식적인 인사치레가 아닌, 학술대회의 실제적인 내용과 그것이 지닌 가치에 주목하는 두 분의 모습에서 정선군의 밝은 미래에 대한 희망을 볼 수 있었다.

각자의 삶을 짊어진 채 지난 세월의 눈송이를 얹고 찾아온 그리운 옛 얼굴들. 지금은 모두들 자신의 위치에서 원숙한 모습으로 살아가고 있지만, 20여 년 전에는 세련됨보다는 약간의 촌스러운 풋풋함이 매력적이었던 사람들이다. 우린 그동안 잘 지냈느냐는 인사가 어색할 정도로 긴 시간의 강을 앞에 두고 한동안 말없이 웃음 지었다. 그리고 서로

에게 말했다. 오늘과 같은 날을 맞이할지 그때는 정령 몰랐었노라고.

퇴임하시고 지금은 명예교수가 되신 두 분 은사님도 참석하셔서 제자들과 그 제자들의 제자들에게 예전의 추억과 앞날의 꿈을 일깨워 주셨다. 더불어 학과의 동료 교수님들도 짬짬이 시간을 내어 학술대회장을 찾아 주셨다. 이렇듯 학술대회장은 선배와 후배, 대학원생과 학부생, 교수와 학생이 과거의 추억을 함께 나누고 미래의 꿈을 희망차게 이야기하는 우리 모두의 광장이었다.

개회사 및 환영 인사를 마친 나는 먼 길을 오셔서 축사를 해 주신 부군수님과 서로 선물을 교환하는 시간을 가졌다. 부군수님은 정선군 관련 책자 및 홍보 기념품들을 푸짐하게 전해 주셨고 나는 90년과 91년, 그리고 이번 2013년 정선에서 녹음한 음성 자료들을 CD 60여 장에 담아 전달했다. 사전에 약속했던 것도 아니었는데 서로에 대한 배려의 마음이 함께 만나는 흐뭇한 순간이었다.

이어서 '23년의 세월을 잇고'라는 제목으로 짧은 동영상이 상영되었다. 정선 지역어 조사를 위해 그동안 우리가 어떻

게 준비하고 참여했는지 23년의 시간을 연결해 만든 동영상이었다. 지나간 시간들이 파노라마처럼 펼쳐지고 함께했던 날들이 뿌듯함과 그리움으로 다가왔다. 영상 속의 행복한 얼굴들이 전해 주는 지난 여름날의 이야기는 함께 정선을 다녀오지 못한 사람들을 모두 그때의 시간 속으로 데려다 주었다.

'정선 지역어와 그 조사의 어제와 오늘'로부터 시작된 발표는 조사 방법과 자료 정리에 대한 이야기와 더불어 정선 지역어의 음운론적, 문법론적, 어휘론적 특징과 변화에 대한 발표로 이어졌고 마지막으로 '정선 지역어의 오늘과 내일'로 마무리되었다. 기본적으로 각 발표는 대학원생과 학부생이 함께 짝을 이루어 진행했고, 파워포인트를 사용해 알차게 준비된 내용을 20분 정도 요령 있게 전달했다. 더불어 두 번의 휴식 시간을 활용해 학술대회장 밖에서는 '아름다운 정선 사람들'이라는 제목으로 포스터 발표가 진행되었다. 학부생들이 정선에서 만난 아름다운 사람들의 이야기를 사진과 더불어 흥미롭게 소개해 주었는데, 이야기 속 사람들뿐만 아니라 소개하는 사람들의 순수함도 함께 빛나는 시간이었다.

모든 발표가 끝난 후 사이먼 앤 가펑클의 'So Long, Frank Lloyd Wright'가 울려 퍼지며 자리가 정돈되고 마련된 이야기 한마당 시간. 발표를 들은 소감을 비롯해 예전 학술답사 때의 추억들과 지역어의 보존과 발전을 위한 논의 등 풍성한 이야기가 한껏 펼쳐졌다. 여러 선생님들과 선배들의 이야기를 들으며 때로는 웃음이, 때로는 감탄이 객석 학생들의 얼굴에서 꽃처럼 만발했다. 언젠가 빛나게 될 꿈을 품은 채.

이번 학술대회를 통해 정선 지역어가 20여 년 사이에 어떠한 변화를 겪어 왔는지, 그리고 정선 지역어의 내일이 어떠할지를 예측해 보고 이를 보존하기 위해 어떠한 노력이 필요한지를 다 함께 생각해 보았다. 우리 곁에서 서서히 사라져 가는 소중한 것들을 지켜 내는 일은 우리 삶이 지니고 있는 아름다움을 간직하는 일이다. 한번 사라지면 다시는 되돌릴 수 없는 무형의 자산들을 가치롭게 지켜 가는 우리이고 싶다.

따뜻한 발걸음과
애정 어린 마음으로 찾아와 주신
많은 분들이 계셨기에
학술대회가
가능할 수 있었다.

의 어제와 오늘, 그리고 내일
한지수

학술대회를 성공적으로 마칠 수 있었던 것은 많은 분들의 도움과 성원 덕분이었다. 학교와 학과, 정선군의 지원과 후원이 꿈을 실현 가능하게 한 원동력이 되었다. 또한 따뜻한 발걸음과 애정 어린 마음으로 찾아와 주신 많은 분들이 계셨기에 학술대회가 가능할 수 있었다. 그리고 이 모든 것들을 함께 경험하고 준비해 빛나는 결실을 맺게 한 '우리'를 한없이 감사하고 축하하는 마음으로 뜨겁게 끌어안고 싶다.

모두가 마주앉은 저녁 식사 자리. 학창 시절 우리를 일깨우고 꿈을 갖게 해 주신 은사님들이 계셨고, 20여 년 전 정선에서 함께 저녁밥을 지어 먹던 추억 속의 사람들이 있었고, 누구도 알 수 없는 무한한 가능성의 꿈을 품고 살아갈 내일의 주인공들이 있었다. 모락모락 김 오르는 겨울 우물, 그 속으로 내려앉는 눈꽃처럼 서로에게 건네는 한 잔 술에 20여 년의 시간과 아련한 그리움과, 처음 만남의 어색함까지도 모두 녹아드는 그런 밤이었다. 이렇게 2013년 어느 겨울날의 작은 축제는 긴 겨울밤을 따라 우리들 마음속에 한 방울 여운을 남기며 새로운 추억의 방으로 소리 없이 들어가고 있었다.

어느 겨울날의 작은 축제는
우리들 마음속에
한 방울 여운을 남기며
새로운 추억의 방으로
소리 없이 들어가고 있었다.

영어 단어 'chipmunk', 'moose', 'puma', 'avocado', 'cacao', 'chocolate', 'tomato', 'jerky', 'hurricane' 등의 공통점은 무엇일까? 이들은 모두 아메리카 원주민들의 언어에서(일부는 먼저 스페인 어나 프랑스 어로 차용되었다가) 영어로 차용된 단어들이다. 유럽의 언어들이 들어오기 전 아메리카 대륙은 그 원주민들(흔히 '아메리칸 인디언'으로 불림)의 언어로 풍요로웠던 땅이다.

남북 아메리카 대륙에 걸쳐 적게는 400개에서 많게는 2,500개 이상에 달했던 것으로 언급되는 이들 원주민들의 언어는 언어학적으로 매우 다양한 특성을 지니고 있어 약 150개 정도의 서로 다른 어족(language family)으로 분류되고 있다. 영어와 스페인 어의 세계로만 알고 있던 아메리카 대륙에 이같이 다양하고 많은 언어들이 존재했었다는 사실은 새삼 우리를 놀라게 한다.

세상에는 얼마나 많은 언어들이 있는 것일까? 언어학자 크라우스에 따르면 지구 상의 언어의 수는 지금으로부터 약 1만 년 전에 최다(5,000~ 20,000개)를 이루었다가 이후로는 지속적으로 감소의 길을 걷고 있다. 특히 16세기 이후 진행된 유럽 국가들의 식민지 개척은 가장 치명적인 언어 감소의 원인이 되었다. 이번 세기 안에 현재 언어 수(약 6,000개)의 절반이 소멸될 것이며, 이런 추세가 지속되면 결국 전 세계 언어의 90%가 소멸할 것이라고 경고한다. 세계 언어의 통계 자료를 보여주는 에스놀로그(Ethnologue)에 의하면 현재 살아 있는 남북 아메리카 대륙의 언어는 약 1,060개 정도라고 하니 그동안 얼마나 많은 언어들이 소멸되어 갔는지 짐작해 볼 수 있다.

이러한 언어 소멸 위기(language endangerment)는 인류의 소중한 자산이 소리 없이 사라져 간다는 점에서 가슴 아픈 일이다. 게다가 언어 소멸 현상을 대부분의 사람들이 가슴 아프게 느끼지 못한다는 점이 더 큰 아픔으로 생각된다. 언어뿐 아니라 한 언어 안의 여러 방언들도 문명화의 물결 속에서 점점 소멸해 가고 있다. 한번 사라지면 다시는 되돌릴 수 없는 우리 삶의 소중한 것들을 지켜 가야 하지 않을까? 사라지는 언어들에 대한 자료화(documentation)와 재활성화(revitalization)의 노력이 어디에선가 뜻있는 사람들에 의해 오늘도 계속되고 있다는 사실을 기억했으면 한다.

● 에필로그

작년 초 포틀랜드에 있는 어느 중국 식당에서 저녁 식사를 할 기회가 있었다. 식사를 마치고 후식으로 집었던 행운의 과자(fortune cookie) 속에는 다음과 같은 글귀가 있었다.

We must always have old memories and young hopes.

옛 추억과 젊은 희망을 모두 가지고 있을 때 우리는 행복할 수 있다. 그리고 젊은 희망의 중요한 원천이 옛 추억에 있다는 사실도 함께 깨달았으면 한다. 마르셀 프루스트가 이야기한 '기억의 약국'에서 우리들이 내민 손에 잡히는 것이 우리의 삶에 활력을 줄 수는 비타민제이기를 바라는 마음과 함께 말이다.

일상이 곧 내일의 역사가 된다는 평범한 진리를 깨닫고 실천하는 일은 결코 쉽지 않다. 오늘 우리가 대수롭지 않게 생각하고 지나치는 많은 것들이 시간이 흐른 후에는 새로운 가치를 지닐 수 있다는 사실을 한번쯤 진지하게 생각해 보았으면 한다. 또한 내 삶을 새롭게 할 수 있는 그 무언가가 다른 곳에 있는 것이 아니라 내 자신 안에 있었음도 깨달을 필요가 있다. 내가 걸어온 길, 나의 이야기 속에 들어 있는 내일을 위한, 그러나 미처 그 존재를 깨닫고 있지 못한 삶의 열쇠. 추억이 바로 그런 열쇠가 아닐까 한다.

대학에서 논문이나 연구서가 아닌 개인의 에세이를 쓰는 일이 무척이나 사치스러운 일이 되어 버린 것이 오늘날의 현실이다. 이런 점에서 작년 한 해는 내게 매우 특별한 시간이었다. 10여 년 만에 얻게 된 안식년을 통해 비로소 나만의 자유로운 시간을 가질 수 있었기 때문이다. 새로운 공부도 하고 밀어 두었던 논문들을 쓰기도 했지만, 무엇보다 이 책을 쓰는 즐거움을 누릴 수 있었던 것이 가장 큰 기쁨이었다.

나는 인문학자에게는 인간과 삶에 대한 성찰을 담은 자기 나름의 인생 보고서가 요구된다고 생각한다. 자신이 관심을 갖고 연구한 주제는 때로는 매우 전문적이고 미시적일 수 있겠지만, 어떤 주제를 연구했든지 간에 그것을 통해 길러 온 삶에 대한 혜안은 반드시 있기 마련이다. 인생을 대상으로 인간 삶의 구조와 법칙을 이야기해 보려는 생각, 아니 그러한 마음의 준비가 인문학자에게는 반드시 필요한 것이 아닌가 생각해 본다.

내 삶에서 지난 일 년만큼 사계절의 변화에 마음을 기울였던 시간은 없었던 것 같다. 날씨와 계절에 따라 다양한 모습을 보여 주는 워싱턴 호수(Lake Washington)를 품고, 일 년이란 시간 동안 마음껏 노닐 수 있는 사색의 스튜디오가 되어 준 시애틀의 매그너슨 파크(Magnuson Park), 그리고 미국 국립공원들의 풍성한 숲길과 시애틀 공립 도서관 및 워싱턴 주립대 도서관에 고마운 마음을 전한다. 새로운 세계에서 만난 신선한 자연의 품과 풍부한 독서 재료들은 내 마음을 깨끗이 비워 내고 동경만 해 오던 다양한 테마들에 대한 조그만 깨달음을 채워 넣을 수 있도록 해 주었다.

이 책을 집필하는 과정에서 필요한 자료나 책을 한국에서 구해 보내 주시거나 글을 빛내 줄 소중한 사진들을 제공해 주신 분들, 그리고 외국어 텍스트의 이해에 도움을 주신 여러 분들께 이 자리를 빌려 감사의 인사를 드린다. 더불어 이 글이 한 권의 멋진 책으로 태어날 수 있도록 애써 주실 출판 관계자 분들께도 미리 감사의 마음을 전한다. 또한 KBS 클래식FM '세상의 모든 음악'이 전해 준 품격 있는 정서는 글을 쓰는 나의 감성을 고양시켜 준 고마운 동반자였다. 이렇듯 이 책이 따뜻한 분들의 애정 어린 도움으로 쓰였기에 나는 집필 과정에서 겪었던 남모를 외로움과 괴로움들을 새로운 열정의 힘으로 바꿀 수 있었다. 이젠 마음에 드는 문장이나 표현을 찾느라 밤의 고요와 싸웠던 지난날들이 그립기만 하다.

비 내리는 오후, 난 스타벅스 커피숍의 창가에 앉아 있다. 따뜻한 커피 한 잔에 스산한 기운을 녹여 내는 일상이 있는 곳. 인생의 희로애락을 누군가와 또는 자기 안의 또 다른 나와 이야기하며 삶을 어루만지는 이 공간에서 난 생각해 본다. 좋은 추억을 만들고 그 추억을 소중히 간직하는 일이 내일의 멋진 꿈을 품을 수 있는 오늘의 소리 없는 준비라는 사실을. 그리고 자리에서 일어나 커피 향 가득한 공간에 써 본다.

추억

'추억의 향기 가득한
멋진 커피 콩, 시애틀 안녕.'

김교수 님께.

우선 반갑고 놀라웠고 그리고 부러웠습니다.
먼나라에서 다른 고경에서 낯선 사람들
사이에서 人生 한창시절에 文物을 흡수하는
기회를 즐기시는 것에 대해 진심으로
축하를 보냅니다
참으로 짧은 (요지음 더욱 절실히 느끼고
왜 좀더 일찍 깨닫지 못했을까) 우리들 생애에
그런 기회는 다 주어지는게 아니니까요.

The Road to Memories in Yellowstone National Park

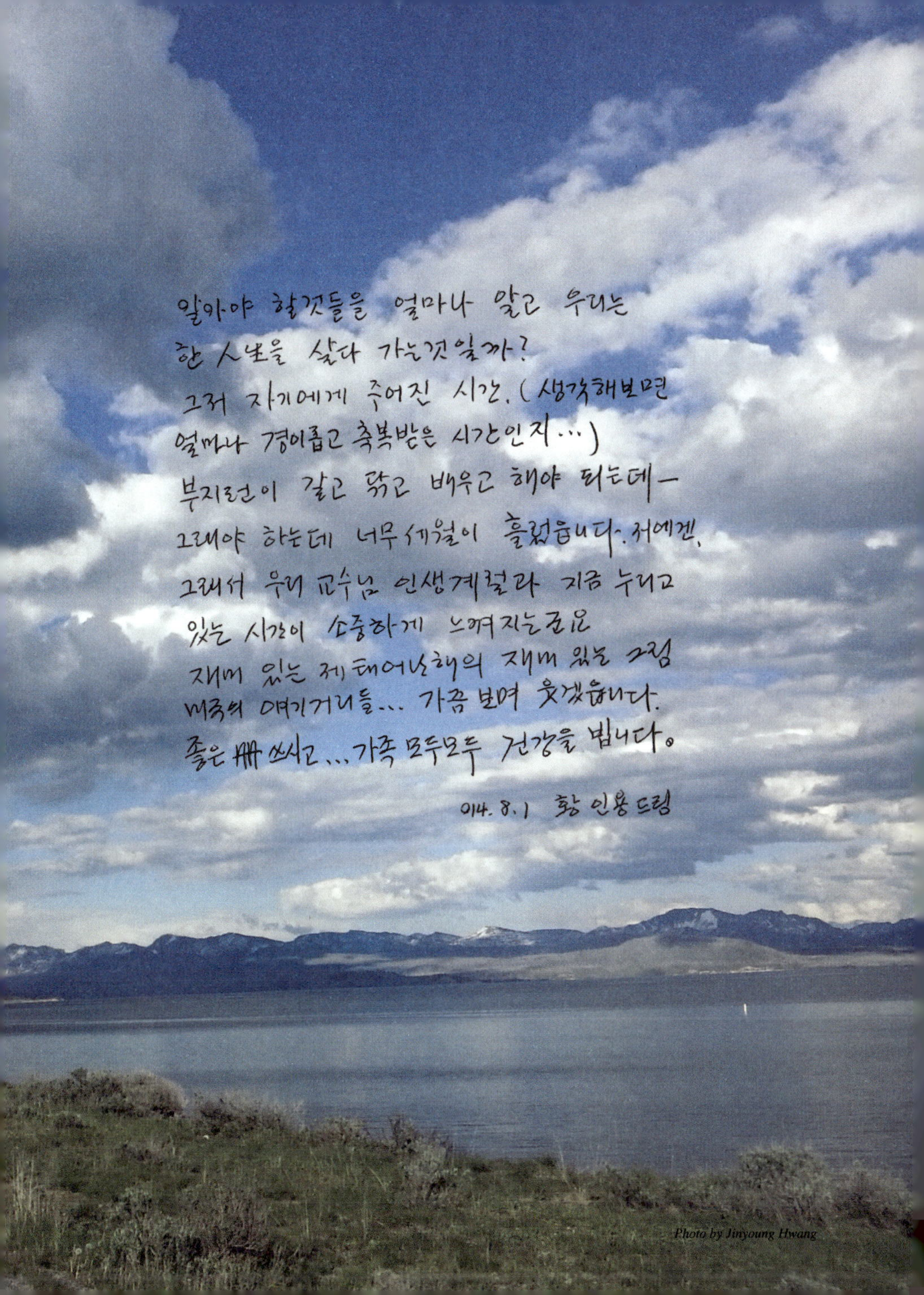

Photo by Jinyoung Hwang

도움 받은 책과 사이트

●

고려대학교 사범대학 국어교육과, 『정선 지역어의 어제와 오늘, 그리고 내일』, 1990·91-2013 고려대 국어교육과 정선 지역어 조사 학술대회 발표집, 2013.

고형진, 『백석 시를 읽는다는 것』, 문학동네, 2013.

김미라, 『예술가의 지도』, 서해문집, 2014.

김재환, 『여강산고(如岡散藁)』, 도서출판 비움, 2003.

신현준, 『록 음악의 아홉 가지 갈래들』, 문학과지성사, 1999.

안휘준·이병한, 『안견과 〈몽유도원도〉』(개정판), 도서출판 예경, 1993.

이남호, 『일요일의 마음』, 생각의 나무, 2007.

이미륵, 『압록강은 흐른다』(전혜린 역), 범우사, 1973.

임진모, 『젊음의 코드, 록』, 북하우스, 2003.

전혜린, 『그리고 아무 말도 하지 않았다』, 대문출판사, 1968.

정현우, 『누군가 나를 지울 때』, 이케이북, 2013.

황견, 『고문진보(후집)』(이장우·우재호·박세욱 역), 을유문화사, 2003.

Bach, Richard. *Jonathan Livingston Seagull.* New York : SCRIBNER. 1970.

Barnicoat, John. *A Concise History of Posters : 1870-1970.* New York: Harry N. Abrams, INC. 1972.

Campbell, Lyle. *American Indian Languages : The Historical Linguistics of Native America.* New York : Oxford University Press. 1997.

Chanan, Michael. *Repeated Takes : A Short History of Recording and Its Effects on Music.* London and New York : Verso. 1995. 박기호 옮김, 『음악 녹음의 역사 : 에디슨에서 월드 뮤직까지』, 동문선, 2005.

Craughwell, Thomas J. *30,000 Years of Inventions.* New York: Tess Press. 2012.

Goddard, Ives. *Handbook of North American Indians(Vol. 17 Languages).* Washington : Smithsonian Institution. 1996.

Gronow, Pekka and Ilpo Saunio. *An International History of the Recording Industry.* translated by Christopher Moseley. London and New York : Cassell. 1998.

Hegarty, Paul and Martin Halliwell. *Beyond and Before Progressive Rock since the 1960s.* London and New York : Continuum. 2011.

Lambe, Stephen. *Citizens of Hope and Glory : The Story of Progressive Rock.* Gloucestershire : Amberley. 2011.

Mithun, Marianne. *The Languages of Native North America.* New York : Cambridge University Press. 1999.
Rademacher, Hellmut. *Master of German Poster Art.* New York : The Citadel Press. 1966.
Stump, Paul. *The Music's All That Matters : A History of progressive Rock.* London : Quartet Books. 1997.
Tsunoda, Tasaku. *Language Endangerment and Language Revitalization.* Berlin·New York : Mouton de Gruyter. 2005.

〔여강(如岡)〕
http://blog.daum.net/jhkim380/

〔경향신문〕
http://news.khan.co.kr/kh_news/khan_art_view.html?code=900313&artid=200702080938441

〔문화일보〕
http://www.munhwa.com/news/view.html?no=2011091601033630136004

〔조선일보〕
http://news.chosun.com/site/data/html_dir/2013/02/22/2013022201418.html

〔중앙일보〕
http://article.joins.com/news/article/article.asp?total_id=17693654&cloc=olink|article|default

〔기타〕
https://www.flickr.com/photos/42399206@N03/4676011240/
http://filmstarpostcards.blogspot.nl/search/label/Senta%20S%C3%B6neland
http://de.wikipedia.org/wiki/Senta_S%C3%B6neland
http://www.cyranos.ch/smsoen-e.htm
http://www.bjharvest.co.uk/